AF590616

Les Subdélégués de l'Intendance

spécialement en Franche-Comté et dans la seconde moitié du XVIIIe siècle

THÈSE

pour le Doctorat de l'Université
Mention « Lettres »

PAR

ALFRED ANTOINE
Licencié en Droit, en Philosophie et en Histoire et Géographie
PRÉFET HONORAIRE

1929

VERDUN. — IMPRIMERIE MODERNE (Ch. GALLAND)
26-28, Rue Saint-Pierre

Les Subdélégués de l'Intendance

spécialement en Franche-Comté et dans la seconde moitié du XVIIIe siècle

THÈSE

pour le Doctorat de l'Université
Mention « Lettres »

PAR

ALFRED ANTOINE
Licencié en Droit, en Philosophie et en Histoire et Géographie
PRÉFET HONORAIRE

1929

VERDUN. — IMPRIMERIE MODERNE (Ch. GALLAND)
26-28, Rue Saint-Pierre

UNIVERSITÉ DE NANCY -:- FACULTÉ DES LETTRES

THÈSES

PRÉSENTÉES
A LA FACULTÉ DES LETTRES DE L'UNIVERSITÉ DE NANCY
POUR OBTENIR
LE TITRE DE DOCTEUR DE L'UNIVERSITÉ DE NANCY
MENTION « LETTRES »
PAR

M. ALFRED ANTOINE

Licencié en Droit, en Philosophie et en Histoire et Géographie.

1re THÈSE :

Les Subdélégués de l'Intendance, spécialement en Franche-Comté et dans la seconde moitié du XVIIIe siècle.

2me THÈSE :

Propositions données par la Faculté.

Soutenues le Avril 1929 devant la Commission d'Examen.

PRÉSIDENT : M. BRÆSCH
EXAMINATEURS : MM.

UNIVERSITÉ DE NANCY -:- FACULTÉ DES LETTRES

Doyen : M. LAURENT.
Assesseur : M. COLIN.
Doyen et Professeur honoraire : M. AUERBACH.
Professeurs honoraires : MM. DIEHL
LICHTENBERGER
PFISTER
THIAUCOURT.

Professeurs :

MM. PARISOT . . . Histoire de l'Est de la France.
COLIN . . . . Langue et littérature grecques.
LAURENT . . . Histoire ancienne.
REYHER . . . Langue et littérature anglaises.
BRUNEAU . . . Histoire des parlers lorrains.
VULLIOD . . . Langue et littérature allemandes.
BRÆSCH . . . Histoire moderne et contemporaine.
BULARD . . . Archéologie et Histoire de l'Art.
WAHL . . . . Philosophie.
LAPORTE . . . Philosophie.

Chargés de Cours :

DIMOFF . . . . Langue et littérature françaises.
FRERE . . . . Langue et littérature latines.
CAPOT-REY . . Géographie

Maitres de Conférences :

MICHEL . . . . Langue et littérature allemandes.
MATHIEU . . . Philologie classique.
BUSSON . . . Langue et littérature françaises.

Secrétaire : M. BERTRAND.

PREMIÈRE THÈSE

LES SUBDÉLÉGUÉS DE L'INTENDANCE,

SPÉCIALEMENT DANS LA PROVINCE DE FRANCHE-COMTÉ ET DANS LA SECONDE MOITIÉ DU XVIIIe SIÈCLE.

....

Dédiée, en hommage de déférente gratitude,
à M. le Recteur honoraire ADAM, *membre de l'Institut, qui fut notre maître à l'Université de Dijon,*
M. le Doyen LAURENT
et M. le Professeur BRÆSCH.

A. ANTOINE.

AVANT-PROPOS

C'est lorsque nous remplissions à Vesoul les fonctions de vice-président du conseil de préfecture d'abord, puis celles de secrétaire général de la Haute-Saône, qu'au cours des recherches que nous avions entreprises sur l'histoire administrative du département nous avons été amené à nous occuper des agents qui, sous l'ancien régime, avaient, comme représentants du pouvoir central, administré le pays. Ces agents, ce furent, aux XVIIe *et XVIII*[e] *siècles, les* Subdélégués de l'Intendance.

Sur eux les Archives départementales de la Haute-Saône, que nous avons pu librement consulter, nous ont fourni, plus particulièrement pour la période qui s'étend de 1745 à 1790, d'abondants et précieux renseignements. Ces renseignements, nous les avons, par la suite, complétés en puisant à des sources variées : archives d'autres départements, bibliothèques publiques ou privées, publications diverses et papiers de famille.

Le travail que nous en avons tiré a dû être réduit aux limites de cette thèse. Peut-être, à celle-ci, donnerons-nous, quelque jour, une suite.

Telle qu'elle est, nous avons été heureux de pouvoir la présenter à la Faculté des Lettres de l'Université de Nancy, à laquelle nous attachent nos origines lorraines.

Qu'il nous soit permis d'ajouter qu'avant cette thèse nous avons déjà publié, dans le même genre de sujets, les études suivantes, dont les deux premières ont un caractère général, tandis que les autres appartiennent plus spécialement à l'histoire locale : 1. La Réforme des Conseils de Préfecture (Auxerre, 1907) ; 2. La Réforme administrative et les Secrétaires généraux de Préfecture (*Revue générale d'Administration*, années 1907-1908) ; 3. La Sous-Préfecture d'Auxerre (Auxerre, 1908) ; 4. L'Hôtel de la Préfecture, ancien Palais épiscopal, à Auxerre (Bulletin de la *Société des Sciences historiques et naturelles de l'Yonne*, 2e *semestre 1908*) ; 5. Notes sur l'Administration préfectorale de la Haute-Saône (Bulletin de la *Société d'Agriculture, Lettres, Sciences et Arts de la Haute-Saône*, année 1912) ; 6. Les Administrateurs de l'arrondissement de Bar-sur-Seine (Troyes, 1917).

BIBLIOGRAPHIE

(Sources auxquelles il a été spécialement puisé).

I. MANUSCRITS. — Archives départementales de la Haute-Saône, de l'Ain, de l'Aisne, des Ardennes, de la Côte-d'Or, de la Marne, de la Meuse, du Pas-de-Calais, de la Somme, etc., Série C ; — Archives municipales de Vesoul ; — Archives nationales, Séries G et H ; — Bibliothèques municipales de Besançon, Boulogne, Saint-Omer, Verdun, etc. ; — Papiers des familles de Saint-Ferjeux et du Bourg.

II. PUBLICATIONS. — Almanach de Franche-Comté, années 1743-1790 ; — Ardascheff, Les Intendants de Province sous Louis XVI, trad. Jusserandot, Paris, 1909 ; — Babeau, La Province sous l'ancien régime, La Ville, Le Village, La Vie rurale, Paris, 1882-1885 ; — Bachaumont, Mémoires secrets, Londres, 1784-1789 ; — A. Brette, Recueil de documents relatifs à la convocation des Etats Généraux de 1789, Paris, 1894-1915 ; — Bulletins de la Société d'Agriculture, Arts, Lettres et Sciences de la Haute-Saône et de la Société Grayloise ; — D'Arbois de Jubainville, L'Administration des Intendants, d'après les Archives de l'Aube, Paris, 1880 ; — H. de Beauséjour, Le Bailliage-Présidial de Vesoul (1696-1790), Vesoul, 1896 ; — De Boislisle, Correspondance des Contrôleurs généraux et Mémoires des Intendants, Paris, 1881 ; — De Boyer de Sainte-Suzanne, Les Intendants de la Généralité d'Amiens et le Personnel administratif sous l'Ancien Régime, Paris, 1865-1868 ; — Abbé Delamotte, Le Boulonnais à la conquête de son autonomie administrative, Boulogne, 1920 ; — R. de Lurion, M. de Lacoré, Intendant de Franche-Comté (1761-1784), Besançon, 1898 ; — Derheims, Histoire de la Ville de Saint-Omer, depuis son origine jusqu'à nos jours, St-Omer, 1848 ; — Dopping, Correspondance administrative sous le règne de Louis XIV, Paris, 1850-1855 ; — Finot, Introduction au tome IV de l'Inventaire sommaire des Archives départementales de la Haute-Saône (19 septembre 1889) ; — Garet, Style du Roi ; — Gatin et Besson, Histoire de la Ville de Gray, revue et continuée par Ch. Godard, Paris, 1892 ; — Godard, Les Pouvoirs des Intendants sous Louis XIV, particulièrement dans les pays d'élections, de 1661 à 1715, Thèse de lettres, Paris, 1901 ; — Guyot et Merlin, Traité des droits, etc., Paris, 1787 ; — Hanotaux, Origine de l'Institution des Intendants, Paris, 1881 ; — Krug-Basse, L'Alsace avant 1789, Paris et Colmar, 1877 ; — Lalanne, Dictionnaire historique de la France ; — Legrand, Sénac de Meilhan et l'Intendance du Hainaut et du Cambrésis, Valenciennes, 1868 ; — Abbé Mathieu, L'Ancien Régime dans la Province de Lorraine et Barrois (1698-1789), Paris, 1879 ; — L. Meilhac, Les Subdélégués en Champagne sous l'Ancien Régime, Thèse de droit, Paris, 1911 ; — Mémoires de l'Académie de Besançon, des Antiquaires de la Morinie (Saint-Omer) et de l'Ouest ; — F. Mourlot, Les Intendants de Normandie sous Louis XVI ; — Necker, De l'Administration de la France ; — Petitot-Bellavène, Deux siècles de l'histoire municipale de Verdun, Verdun 1891 ; — Recueil des Edits et Déclarations, Lettres patentes, Arrêts du Conseil de Sa Majesté, vérifiés, publiés et registrés au Parlement séant à Besançon, et des Règlemens de cette Cour, depuis la réunion de la Franche-Comté à la Couronne, Besançon, 1772 ; — Revue historique ardennaise ; — Etc.

INTRODUCTION

DES SUBDÉLÉGUÉS EN GÉNÉRAL
Origine, Nature et Évolution de l'Institution

Bien que ce travail doive être spécialement consacré aux subdélégués de Franche-Comté pendant la seconde moitié du XVIIIe siècle, il nous paraît utile de le faire précéder de considérations générales sur les subdélégués sans distinction de région ni d'époque. Ces considérations, qui feront ressortir l'évolution historique de l'Institution au cours des XVIIe et XVIIIe siècles, seront, croyons-nous, la meilleure introduction à l'étude qui va suivre.

I. Lorsqu'en 1674, au mépris des capitulations qu'il venait de signer, Louis XIV imposa à la Franche-Comté, en lui donnant un intendant, le système administratif appliqué, depuis Richelieu, au reste de la France, il n'y avait guère qu'une dizaine d'années que les commissaires départis avaient été uniformément autorisés à se servir de subdélégués.

Rares sont, en effet, avant 1661, c'est-à-dire avant l'époque où commencent le gouvernement personnel de Louis XIV et l'administration de Colbert, les « commissions » renfermant la formule de style par laquelle est donné, en termes exprès, aux intendants, le pouvoir de » subdéléguer ou commettre ez affaires ceux que bon leur semblera ». C'est ainsi — pour emprunter des exemples à l'excellent ouvrage de M. de Boyer de Sainte-Suzanne — qu'en ce qui concerne la Généralité d'Amiens, si la « commission » de Le Tonnelier de Bréteuil, qui date du 13 août 1674, contient cette formule, nous n'en trouvons, par contre, aucune trace dans les deux « commissions » dont fut successivement pourvu, le 12 mars 1636 et le 16 août 1638, Le

Maistre de Bellejamme ; toutefois, nous lisons, dans la « commission », datée du 3 août 1635, d'Isaac de Laffernas, le passage suivant : « ...Enjoignons à tous nos officiers des lieux ou vous serez, de quelque qualité ou condition qu'ils soyent,... de faire ce qui leur sera pour vous ordonné aux affaires que vous *commettrez* à leur soing et diligence et auxquelles vous ne pourrez pas vaquer en personne ; Validons et autorisons dès à présent la *substitution* qu'ils auront de vous... ». Une « commission » antérieure (elle est du 15 novembre 1627 et fut donnée à M. de Pommereu) renferme une disposition plus précise, sinon plus formelle : «...Et, pour faciliter l'exécution des présentes, nous vous avons permis, permettons de *commettre, subdéléguer dans les électious* des personnes de qualité et probité requise pour en vostre absence suivre l'ordre que vous prescriprez pour cet égard et faire au surplus tout ce que vous jugerez nécessaire pour le bien et utilité de nos affaires, soulagement de nos subjets, le tout suivant les dites instructions, validant et autorisant toutes les ordonnances, jugemens, contrats, qui seront par vous et *vos subdélégués* faits, passés... »[1]

II. Les textes qui précèdent suffiraient à établir qu'il pouvait y avoir plusieurs sortes de « subdélégation » ou « substitution ».

« Il faut, dit M. Godard, dans sa savante thèse sur *Les Pouvoirs des Intendants sous Louis XIV*, distinguer la *subdélégation générale* des *subdélégations temporaires* et des *subdélégations locales*. La première était accordée par l'intendant à un homme que ses fonctions judiciaires ou administratives mettaient à même de tenir la suppléance en cas de départ. Les autres étaient données à des officiers royaux, choisis par l'intendant parmi les plus estimés dans les villes de la subdivision, ou encore à des personnages qui remplissaient seulement ces fontions pendant un laps de temps peu étendu pour des matières parfaitement déterminées et limitées ».[a]

(a) Godard, *Les Pouvoirs des Intendants sous Louis XIV, particulièrement dans les pays d'élections de 1661 à 1715*, p. 24. Thèse pour le Doctorat ès Lettres.

(1) De Boyer de Sainte-Suzanne, *Les Intendants de la Généralité d'Amiens*, Appendice, pièces justificatives 1, 2, 3, 3*bis* et 4. — « Il est probable, disent Guyot et Merlin dans leur *Traité des Droits*, t. IV. p. 441, que les intendants ont eu, dès le principe de leur établissement, des subdélégués », c'est-à-dire des « hommes de confiance préposés par le magistrat qui est à la tête d'une généralité en qualité d'intendant, pour exécuter ses ordres et ceux de la Cour » ; mais ces subdélégués n'avaient primitivement ni titre officiel ni fonctions légales (L. Meilhac, *Les subdélégués en Champagne sous l'ancien régime*, p. 3, thèse pour le Doctorat de Droit).

Ces différentes sortes de subdélégation existèrent-elles dès l'origine ? Nous ne le croyons pas. Au début, les intendants durent se borner à confier, à certaines personnes sur lesquelles ils pensaient pouvoir compter, des missions *temporaires* et *spéciales*; ils prenaient, d'ailleurs, leurs agents indifféremment au siège de l'intendance ou sur les lieux où devait s'exercer la mission ; d'autre part, pour des missions différentes, ils s'adressaient souvent à différents agents, bien qu'il s'agît d'affaires concernant la même « subdivision » ou la même localité. Peu à peu pourtant, dans ce dernier cas, les intendants prirent l'habitude — ou l'usage s'établit — de recourir au même agent, dont l'emploi avait fait de plus en plus apprécier les qualités qui le distinguaient ; et c'est ainsi que les « subdélégations locales », de temporaires et spéciales qu'elles étaient tout d'abord, devinrent peu à peu *permanentes et générales*.

Il n'y avait plus qu'un pas à faire pour que chaque intendant divisât son « département » en un certain nombre de circonscriptions [1] à la tête desquelles seraient placés ces subdélégués devenus permanents et pourvus de fonctions générales. Ce pas ne fut toutefois fait qu'assez tard, parce que le Pouvoir central s'opposait énergiquement à une transformation qui lui paraissait dangereuse. Dès 1672, Colbert n'écrivait-il pas à de Sèze, intendant de Bordeaux : « Il est vray que votre commission vous donne pouvoir de subdéléguer ; mais l'intention du Roy et le *premier usage de ce pouvoir* n'a jamais esté que pour des affaires momentanées et auxquelles l'importance de plusieurs affaires qui peuvent survenir en mesme temps et la diligence qu'il faut y apporter ne vous permettent pas de vaquer. Ainsi je crois devoir vous avertir que vous ne pourrez rien faire qui soit plus agréable à Sa Majesté que de supprimer ce grand nombre de subdélégués et de ne vous en servir qu'ainsy que je viens de vous l'expliquer [a]. » Cette manière de voir était, du reste, partagée par le Conseil du Roi, qui, dans plusieurs arrêts, lui avait donné une sorte de consécration officielle.

(a) Lettres de Colbert, tome IV, 108 (lettre du 15 mai 1674).

En 1680, le Ministre a recours à un moyen plus radical : il donne à tous les intendants l'ordre de révoquer leurs subdélégués. A peine quelques-uns obtinrent-ils, par faveur spéciale,

(1) Quel nom portaient ces circonscriptions ? C'est une question qui sera examinée plus loin.

l'autorisation de conserver un ou deux de ces agents. A Le Bret, intendant de Grenoble, il fut permis, par exemple, de garder un subdélégué choisi hors de la généralité et chargé exclusivement de vérifier les dettes des communautés, et, un peu plus tard, Colbert l'autorisa à se faire aider par quatre agents pris également au dehors « et n'ayant qu'à faire rapport de leur travail. » L'intendant restait, d'ailleurs, selon « l'intention du Roi », responsable de tous ces auxiliaires.(a)

(a) *Lettres de Colbert*, t. IV, 155, n° 1; — P. Clément, *Histoire de Colbert*, t. II, 12.

D'autres intendants se dispensèrent de la permission du Ministre ; et, dès 1682, de nombreux subdélégués avaient été rétablis dans leurs fonctions. Colbert s'en émut : à M. de Breteuil, intendant d'Amiens, il écrit : « ...Sa Majesté veut que vous n'establissiez aucun subdélégué général pour toutes les affaires particulières auxquelles vous ne pouvez pas vaquer en personne et que vos subdélégations finissent avec l'affaire ; et même Elle veut que vous examiniez avec grand soin la conduite de ces subdélégués parce qu'Elle en reçoit fort souvent des plaintes ...(b) » ; dans une autre lettre, adressée à Harlay-Bonneuil, intendant de Dijon, il s'enquiert de la manière dont ses prescriptions ont été observées dans cette généralité, et l'intendant répond : « Touchant les subdélégués de feu M. Boucher (son prédécesseur), je dois vous dire que je n'en ay trouvé aucun dans la province à qui on deubt donner ce nom à proprement parler, ceux qu'on y appelait ainsy n'étant dans la vérité que de simples *correspondants*, qu'il entretenait dans tous les bailliages et principaux lieux de son département pour estre par eux informé de tout, et qu'il commettait en quelques affaires particulières, pour instruire seulement et donner avis tout au plus. » (c)

(b) *Lettres de Colbert*, t. IV, 156 (lettre du 15 juin 1682).

(c) Archives Nationales, G7, 156 (lettre du 5 août 1683).

Il n'y avait pourtant pas, semble-t-il, une bien grande différence entre les « correspondants » et les subdélégués « spéciaux » ; mais, en telle matière, il n'est pas rare que, suivant les temps et les circonstances, on désigne sous des dénominations différentes des fonctions très voisines ou même identiques. « Tout au plus » peut-on dire que les « correspondants » avaient un caractère moins officiel que les subdélégués. Mais il ne faudrait pas les confondre avec ces « inspecteurs secrets » dont le contrôleur général Le Pelletier, dans une lettre du 25 octobre 1685, recommandait à de Gourgues, intendant de Limoges, l'emploi « en divers lieux de son département », pour se procurer « des avis fidèles et désintéressés » en toutes choses et plus spécialement sur la police générale et la levée des deniers du Roi. Ces agents *secrets* sont ceux qu'ont employés, en leur donnant des noms divers (ou sans leur en donner), tous les gouvernements, dans l'ancienne France comme dans la France moderne ou contemporaine. Le conseil de Le Peletier fut, d'ailleurs, suivi — quand il n'avait pas été devancé — par beaucoup d'intendants : un des successeurs de De Gourgues expose, par exemple, dans un rapport du 24 février 1689, qu'il a coutume, lorsqu'il s'agit d'établir des taxes d'office, de se renseigner auprès de personnes « auxquelles il a quelque confiance », ce qui ne l'empêche pas de « contrôler » les uns par les autres les renseignements qui lui viennent de différents côtés.[a]

(a) Arch. Nat. G 7, 345.

Il est évident qu'à défaut de subdélégués et de « correspondants » officiels, les « inspecteurs secrets » étaient, pour les intendants, des auxiliaires très utiles, sinon même indispensables. Mais il y avait encore des subdélégués proprement dits : la lettre de Colbert à M. de Breteuil en fait foi ; d'autre part, Le Pelletier, plusieurs années après la mort du grand ministre, réclamait aux intendants des états des officiers de justice employés comme « subdélégués ». Toutefois, il s'agissait plutôt de subdélégations « spéciales » : car, sur les états qu'il demande, le contrôleur général veut que soient mentionnées les affaires dont ces officiers auraient été chargés et indiquées les dépenses qu'ils avaient dû faire pour remplir leur mission.[b]

(b) Foncault, *Mémoires*, p. 221 (année 1688).

Quoi qu'il en soit, on peut dire qu'à la fin du XVIIe siècle les subdélégués « locaux » sont à peu près partout rétablis à titre permanent. C'est à cet état de choses que s'applique l'Edit d'avril 1704. Par cet acte, le Roi « crée et érige en titre d'office formé et héréditaire un *conseiller subdélégué* des sieurs intendants ou commissaires départis, dans chaque chef-lieu des élections des pays tailliables et dans chacun des évêchés ou baillages des pays d'Etats, même dans les autres villes principales où il en a été établi jusqu'à présent ou dans lesquelles l'établissement en paraîtra nécessaire ». Les motifs en sont intéressants à connaître : « Le grand nombre d'affaires dont les intendants et commissaires départis se trouvent chargés Nous a obligé, dit le Roi, de leur permettre de choisir dans tous les lieux de leur département où ils le jugeraient nécessaire des subdélégués pour travailler sous leurs ordres à tout ce qui concerne notre service ; mais le ministère de ces emplois est devenu si important, et les fonctions si étendues, que Nous avons jugé à propos de revêtir ceux qui les exerceront à l'avenir d'un caractère qui, d'une part, leur donne le relief et l'autorité nécessaires pour le bien de nostre service et, de l'autre, les engage à s'acquitter dè leurs devoirs avec plus d'honneur et de désintéressement ». En somme, l'Edit de 1704 était la reconnaissance officielle non seulement des subdélégués « permanents », devenus officiers du Roi et maîtres de leur charge, mais encore des circonscriptions auxquelles étaient attachés ces subdélégués.

Que le nombre de ceux-ci se soit, dès lors, accru rapidement, on ne doit pas s'en étonner. C'est pour se procurer des ressources — ces ressources qu'exigeaient impérieusement les malheurs du dehors et les misères du dedans — que le vieux Roi venait ainsi de transformer en charges héréditaires des fonctions qui avaient été si longtemps considérées comme purement temporaires ; c'est dans le même but qu'il multiplia ces charges, en y attachant, pour engager à les acheter, prérogatives et privilèges. En même temps, le ministre veillait à ce que fussent seuls conservés les subdélégués qui avaient acheté ou qui achèteraient régulièrement leur titre : l'intendant de Tours, Jacques Turgot, dut réduire à 14 le nombre de ses subdélégués, qui de 11 c'était élevé à 16, et l'intendant de Moulins eut à vérifier les titres des 32 subdélégués qui, en 1709, exerçaient leurs fonctions dans les 7 élections de la généralité.[a] Enfin, le contrôleur général pressait les intendants de faire payer, par les acquéreurs retardataires ou récalcitrants, le prix de leur charge ou les « augmentations » : « Je vous ay mandé, écrivait, le 13 juin 1713, Desmarets à Lescalopier, intendant de Champagne, que l'intention du Roy était que ces officiers se missent incessamment en état de payer. ...Vous ferez savoir à vos subdélégués que, s'ils ne s'arrangent pas pour payer, le Roy pourrait prendre contre eux des mesures dont ils auraient lieu de se repentir. »[b]

Mais, avec la vénalité des charges, qui ne permettait pas un choix judicieux dans le recrutement, la valeur de ces agents, au double point de vue professionnel et moral, diminuait de plus en plus. M. Godard cite les exemples de Jacques Liégois, à Toul, et de De Ponsarges, à Limoges : le premier, qui était en même temps conseiller au bailliage, avait soulevé tout le pays contre lui ; le second ne savait ni lire ni écrire ni parler, il n'avait pas « la moindre teinture » des affaires et était « un parfait imbécile ».[c]

Les inconvénients — et même les dangers — d'un tel état de choses étaient trop évidents pour que le Pouvoir central

(a) De Boisliste, Correspondance, t. II, 259 et 1024.

(b) Archives de la Marne, C. 1280 (apud L. Meilhac, op. cit., p. 6).

(c) Godart, op. cit. p. 30.

ne s'en préoccupât point. Dès que la situation générale le permit, il y apporta le seul remède dont l'efficacité fût certaine : la suppression pure et simple des offices de subdélégués. Ces offices furent supprimés, en Flandre, au mois d'octobre 1713 et, dans le Hainaut, au mois de janvier suivant ; un Edit d'août 1715 étendit ensuite la mesure à toutes les provinces[a].

(a) Guyot et Merlin, op. cit., t. III, p. 442-443.

Toutefois, si les « offices » des subdélégués étaient ainsi « éteints et supprimés », leurs fonctions subsistèrent. D'ailleurs l'Edit de 1715 autorisait expressément les commissaires départis à « subdéléguer dans les principales villes et lieux de leur département, ainsi qu'il était d'usage avant la création de ces offices, des gens capables et d'une réputation entière » et à « continuer à se servir du ministère de ceux d'entre lesdits officiers supprimés contre lesquels il ne se trouverait aucunes plaintes fondées. »

Les subdélégués « locaux » se maintinrent donc après 1715 (car tous les intendants usèrent de l'autorisation qui leur était donnée), et ils conservèrent à la fois leurs fonctions permanentes et leurs circonscriptions déterminées ; ils cessèrent seulement d'être « officiers » du Roi et de posséder une charge. Ils furent, en quelque sorte, des « fonctionnaires », agents officiels du Pouvoir central, exécuteurs des ordres de la Cour, au même titre, bien qu'à un degré moins élevé, que les intendants, dont ils dépendaient aussi étroitement que ceux-ci du Ministère. Tel est le caractère avec lequel apparaissent désormais tous les subdélégués « locaux » et qu'ils garderont jusqu'à la Révolution, qui les fera disparaître en même temps que leurs chefs, les intendants.

Ni les fonctions de subdélégué « spécial » ni celles de subdélégué « général » n'ont connu d'évolution analogue. Elles ne furent, d'ailleurs, jamais, les unes et les autres, que *temporaires :* le subdélégué « spécial » était désigné pour une mission limitée dans son objet et, par suite, dans sa durée, et, si la mission du subdélégué « général » s'étendait, au contraire, à toutes les affaires de l'intendance, elle ne s'exerçait, en principe, que pendant l'absence de l'intendant. Subdélégués « spéciaux » et subdélégués « généraux » n'étaient, dès lors, susceptibles de devenir ni des « officiers » royaux ni des « fonctionnaires » proprement dits. Le Ministère ne s'en montra pas moins aussi peu favorable à leur égard qu'à celui des subdélégués « locaux » : non seulement il ordonna, en 1680, la suppression de toutes les subdélégations sans aucune distinction ; mais, lorsqu'ensuite il toléra le rétablissement des subdélégations « générales », il réserva au Roi la nomination ou, tout au moins, l'agrément de leurs titulaires, si courte que dût être la mission confiée à ceux-ci. [a]

(a) Godard, op. cit. p. 28, note 2.

Il est vrai que, pendant longtemps, l'utilité de ces agents se fit peu sentir : d'une part, les intendants n'avaient pas encore toutes ces attributions sous le faix desquelles ils pliaient déjà à la fin du XVIIe siècle ; d'autre part, ils ne s'absentaient que très rarement, le ministre ne leur accordant qu'avec beaucoup de peine et à de longs intervalles quelques semaines ou quelques jours de congé. Nous empruntons à M. Godard les exemples suivants : Le Blanc était depuis trois ans et demi à Rouen lorsqu'il fut autorisé à s'absenter trois semaines ; Louis de Chauvelin resta plus de quatre ans à Besançon sans quitter sa province ; pendant six ans Le Bret ne put s'éloigner d'Aix, et, en 1703, Antoine Turgot, intendant de Tours, ayant sollicité un congé pour affaires personnelles, s'attira les observations du contrôleur général, qui ne lui donna satisfaction qu'en faisant remarquer que « la situation des affaires (on était, il est vrai, en pleine guerre) demandait un homme tout entier » [b].

(b) Godard, op. cit. p. 36-37.

On compte pourtant un certain nombre de subdélégués « généraux » dès les dernières années du XVII[e] siècle, et ce nombre s'accrut au commencement du siècle suivant. C'est à cette époque qu'appartiennent Charles de Montcrif, commissaire des guerres, qui fit quelque temps l'intérim de l'intendance dans le Comté de Bourgogne, — Basset, premier président du Bureau des Finances et de la Chambre du Domaine, qui fut en 1703 subdélégué général d'Etienne - Jean Bouchu dans la Généralité de Grenoble, — de Saint-Macary, doyen du Parlement de Navarre, qui en 1705 exerça dans cette province les mêmes fonctions (tous noms cités par M. Godard au cours de son étude [c]). Et d'autres noms pourraient être ajoutés à ceux qui précèdent : en Picardie, l'intendant Bignon (1694-1708) eut pour subdélégués généraux Paul de la Ferrière et Firmin du Crocquet, qui était conseiller au bailliage d'Amiens, et l'intendant de Bernage (1708-1718) fut remplacé ou suppléé, dans l'administration de la généralité, par le même Du Crocquet et, en outre, par Sagot et Jourdan [d] ; en Franche-Comté, nous aurons à mentionner d'autres subdélégués généraux que De Montcrif, notamment pour la période pendant laquelle M. de la Fond fut à la tête de la province (1683-1698) [1].

(c) Ibidem, *passim*.

(d) De Boyer de Ste-Suzanne, op. cit. 3[e] partie.

(1) Voir *infrà*, p.

Mais bientôt les subdélégations « générales » semblent se faire plus rares ; elles deviendront même exceptionnelles dans les derniers temps. Cependant les absences des intendants se multiplient et se prolongent de plus en plus ; mais, de Paris, de Versailles ou d'ailleurs, ils continuent de diriger les affaires de leur administration, avec l'aide et par l'intermédiaire de « secrétaires » qui sont attachés à leur personne et qui dépendent entièrement d'eux.

Le même sort était réservé aux subdélégations « spéciales ». Après avoir, au début, existé seules, elles cèdent peu à peu la place aux subdélégations « locales », qui finissent par se substituer presque complètement à elles. Il en fut ainsi surtout à partir du moment où ces dernières subdélégations eurent pris un caractère permanent et reçu la consécration légale par la reconnaissance officielle de la Cour.

Tels sont les deux termes extrêmes de l'évolution qu'a subie, au cours des XVIIe et XVIIIe siècles, l'institution des subdélégués : à l'origine, des subdélégations « spéciales », qui ne sont que des *missions* temporaires ; à la fin, des subdélégations « locales », qui constituent des *fonctions* permanentes. Dans la période intermédiaire, se placent les subdélégations « générales », qui coexistent alors avec les deux autres sortes de subdélégations.

III. Les observations qui précèdent trouveront leur confirmation dans la suite des considérations qui font l'objet de cette Introduction, comme dans le développement de l'Etude que nous avons plus spécialement consacrée aux subdélégués de Franche-Comté.

Tous les subdélégués — particuliers, c'est-à-dire « spéciaux » et « locaux », ou généraux » — étaient *choisis* par l'intendant. Mais, tandis que celui-ci a toujours (sauf de 1704 à 1715) nommé librement les subdélégués particuliers, la nomination des subdélégués « généraux » a été le plus souvent soumise par lui à l'agrément de la Cour ou faite sur sa proposition par le Roi ; on se rappelle ce qui a été dit plus haut à ce sujet.[1]

Pourvus d'une commission ou agréés par la Cour, les subdélégués « généraux » jouissaient, à l'égard de l'intendant, d'une indépendance que ne connurent, à aucun moment, les subdélégués particuliers. Pour retirer à ceux-ci leurs fonctions ou

---

(1) Voir *suprà*, p. 8.

pour les révoquer, l'intendant avait, jusqu'à ce que parût l'Edit de 1704, la même liberté que pour les nommer. Il le faisait quand et comme bon lui semblait ; sa décision n'avait pas besoin d'être motivée et elle n'était pas susceptible d'appel. Le Roi, qui voulait laisser aux « commissaires départis pour l'exécution de ses ordres dans les provinces et généralités du Royaume » toute la responsabilité de ce qui s'y passait, n'intervient, en 1680, dans la révocation des subdélégués, que par voie de mesure générale. — Il en est autrement de 1704 à 1715. Pendant cette période, les subdélégués « locaux », devenus « officiers royaux », relèvent directement de la Cour ; mais le Roi ne les nomme et ne les révoque ou les suspend que sur la proposition ou conformément à l'avis de l'intendant. — Après 1715, l'intendant reprend sur les subdélégués « locaux » une autorité qu'il conservera jusqu'à leur disparition. Il a les mêmes droits et les mêmes pouvoirs qu'avant 1704 ; mais — et cette remarque mérite d'être retenue — il en usera dorénavant avec plus de réserve et de modération. De 1715 à 1790, il est très rare qu'un intendant prenne une mesure de rigueur contre un de ses subdélégués ; il y en a pourtant des exemples : en 1761, le subdélégué d'Ardres, de Saint-Just, est relevé de ses fonctions par d'Invau, intendant de Picardie, qui le remplace par son beau-frère Garnier, — vingt ans plus tard, Le Gorlier, subdélégué de Châlons, est, dans les mêmes conditions, remplacé par Brincourt ; mais, en ce cas, c'est en « prenant des formes » que, le plus souvent, l'intendant notifie sa décision à l'intéressé : « Je vous préviens, Monsieur, écrit Rouillé d'Orfeuil à Le Gorlier, que je viens de remettre à M. Brincourt la place de subdélégué de l'Intendance au département de Chaalons, que des circonstances particulières et qui n'existent plus m'avaient déterminé à vous confier ; je vous prie de luy faire remettre tous les papiers, instructions, imprimés et affaires qui ont rapport au service de l'Intendance, et je vous remercie des soins que vous avez bien voulu nous donner. [1] »

En règle générale, un subdélégué local ne cesse ses fonctions que par décès ou démission [2]. Même s'il est atteint par l'âge

(1) Arch. Marne, c. 1941 (*apud* L. Meilhac, op. cit., p. 12). — Parlant à des tiers, l'intendant adopte un autre ton : « Je lui ai marqué, dit D'Invau à propos d'une lettre écrite à Garnier, que mon intention était que M. de Saint-Just ne se meslast en quoi que ce fût qui concernât la subdélégation dont je voulais que luy, Garnier, continuât de rester chargé » (Arch. Pas-de-Calais, c. 87).

(2) La démission n'était pas toujours, il faut le reconnaître, parfaitement volontaire ; nous en verrons des exemples.

ou par la maladie, elles ne lui sont presque jamais retirées tant qu'il n'en a pas fait la demande : l'intendant lui donne, s'il le faut, un adjoint ou un suppléant ; c'est le cas de Duflos, subdélégué de Calais, en 1784, et celui de Le Gressier de Belterre, subdélégué de Boulogne, en 1789 [a]. D'autre part, les mutations d'intendants sont presque toujours sans effet sur les subdélégations locales : le nouvel intendant maintient, de manière expresse ou tacite, dans leurs fonctions les subdélégués nommés par tel ou tel de ses prédécesseurs ; il n'a recours qu'exceptionnellement au droit qu'il possède de les remplacer. Enfin, s'il veut supprimer une subdélégation ou en remanier plusieurs, il attend ordinairement, pour le faire, la mort de celui ou de ceux que lèserait cette mesure ou leur départ volontaire.

(a) Arch. Pas-de-Calais, L. 1 et C. 86.

Ainsi s'ajoute à la *permanence* des fonctions leur *stabilité*, qui permit à des subdélégués de rester, comme le même Duflos, 40 ans dans leur poste [1] et, comme tant d'autres, de 20 à 30 ans. Une observation analogue pourrait, d'ailleurs, être faite en ce qui concerne les intendants, dont le séjour dans les provinces qu'ils avaient à administrer fut, en général, beaucoup plus long au XVIIIe siècle qu'au XVIIe [2]

Ce double caractère de « permanence » et de « stabilité », que l'Edit de 1704 avait donné aux fonctions de subdélégué local en les transformant en « offices héréditaires » et qu'avec moins de rigueur elles conservèrent, en fait, sinon en droit, après que ces « offices » eussent été supprimés, devait avoir — et eut effectivement — pour conséquence de modifier, d'une manière à la fois très sensible et très heureuse, la situation des subdélégués locaux, au point de vue matériel comme au point de vue moral : ce qui constitue une autre forme ou un autre aspect de l'évolution dont ces fonctions ont été l'objet.

Au point de vue matériel, l'Edit de 1704 renfermait les dispositions suivantes : « Afin de les mettre (les subdélégués locaux) en état de remplir leurs fonctions avec tout le désintéressement nécessaire, Nous leur avons attribué et attribuons des *gages* à raison du denier dix de leur finance, ...au moyen de quoi ils ne pourront en aucun cas prendre aucunes épices ni

(1) M. L. Meilhac fait mention d'un subdélégué de 76 ans qui remplissait également depuis 40 ans ces fonctions à Chaumont.

(2) Au XVIIe siècle, la règle était, pour les commissaires départis, de ne pas rester plus de trois ans dans leur poste (De Boyer de Ste-Suzanne, op. cit. p. 89).

vacations, ...lesquels jouiront en outre de l'exemption tant de tailles, ustensiles et de toutes autres impositions que de logement de gens de guerre, collecte, tutelle, curatelle et autres charges publiques, et d'un minot de franc-salé chacun.» Ainsi, de 1704 à 1715, les subdélégués locaux, en qualité d'officiers du Roi, reçoivent des *gages* et jouissent de diverses exemptions et faveurs. Mais, dans la période qui a précédé 1704 et dans celle qui a suivi 1715, qu'est-il donné aux subdélégués comme rémunération, indemnité ou récompense ?

Dans la première de ces deux périodes, ils n'ont droit à aucune rémunération : leurs fonctions sont, en effet, essentiellement *honorifiques* et *gratuites*. Dans une lettre du 15 octobre 1689, du Creil, intendant d'Orléans, expose ainsi la situation qui était faite à ses subdélégués : comme dédommagement de leurs frais de correspondance et de voyage, ils n'ont, dit-il, qu'un « vain titre » de dispensateur des ordres qui leur sont adressés ; rien ne « distingue » ces agents, pris parmi les officiers des élections et des greniers à sel ou les receveurs des tailles, et quelques-uns se sont « obérés » dans leurs tournées ; aussi, ajoute-t-il, leur zèle s'est-il fort ralenti [a]. Ce n'est qu'à titre tout à fait exceptionnel que des allocations sont accordées aux subdélégués pour les indemniser ou les récompenser : en 1678, l'intendant de Rouen, Le Blanc, demande pour Aveline et le Page, qui avaient fait plusieurs voyages et qui exerçaient leurs fonctions « gratuitement », une allocation à prendre sur 2141 livres restant du prix des fourrages ; quelques années plus tard, une taxe supplémentaire fut levée sur la province en faveur des quatre subdélégués par lesquels Le Bret, intendant de Grenoble, avait été autorisé, en 1680, à se faire aider [b]. Quant aux privilèges, aucun n'est reconnu aux subdélégués, qu'ils soient particuliers ou généraux, jusqu'en 1704.

(a) De Boislisle, *Correspondance*, t. I, 785.

(b) Arch. Nat. G 7, 491.

Après 1715, la situation est, en principe, la même. Mais, en réalité, elle a, comme à d'autres égards, subi l'influence de la période pendant laquelle les subdélégations locales étaient des offices royaux et où des « gages » étaient payés à leurs titulaires sur les fonds de l'État. Les « gratifications » deviennent, en effet, de moins en moins rares et de plus en plus élevées ; elles tendent à prendre et finalement elles prennent un caractère de *régularité* et même d'*annualité* qui les fait singulièrement ressembler à des « appointements » : en 1788, Rouillé d'Orfeuil, intendant de Champagne, demande pour quelques-uns de ses subdélégués « la même récompense dont ils ont été

(a) Arch. Marne, C. 1089 (*apud* L. Meilhac, op. cit., p. 22).

(b) Arch. nat., H. 1165; Arch. de l'Ain C. 895.

jugés dignes depuis 10 ans, les mêmes motifs se réunissant pour la leur mériter », et l'intendant des finances Blondel autorise Rouillé d'Orfeuil à accorder à six subdélégués des gratifications de 600 livres[a]; nous verrons le même fait se produire en Franche-Comté. Ce n'est toutefois pas encore là un « traitement » proprement dit : car ces allocations restent toujours facultatives ; elles ne sont attribuées qu'à titre de récompense ou d'indemnité.

Aux « gratifications » dont il s'agit, s'ajoutaient : des droits sur les adjudications de travaux, sur les amodiations de communaux, sur les redditions ou revisions de comptes, — des vacations pour certaines opérations auxquelles avait à procéder le subdélégué, notamment pour la levée de la milice ou des troupes provinciales, — des « pensions » obtenues du Roi, soit après, soit même pendant l'exercice des fonctions[1], — des avantages en argent ou en nature (allocations annuelles ou périodiques, logement ou indemnité représentative) accordés par les villes, plus spécialement par celle où le subdélégué résidait, ou même par les Etats[b], — des prestations fournies ou des présents offerts par les particuliers[2], — et surtout le produit des charges ou emplois que le subdélégué cumulait avec ses fonctions proprement administratives. Ces agents étaient, en effet, presque toujours des officiers royaux, des fonctionnaires municipaux, des avocats ou des procureurs. Tantôt ils occupaient ces charges ou emplois avant d'être désignés par l'intendant pour une subdélégation ; tantôt ils les acquéraient ou les obtenaient pendant qu'ils étaient subdélégués. Malgré les inconvénients sérieux qu'il présentait pour le bon fonctionnement des services, les intendants toléraient ce cumul, dont la régularité fut plus d'une fois contestée[3]

(1) En 1757, de Gouve, subdélégué d'Arras, obtint de la Cour une « pension » de 1.000 livres (Arch. Pas-de-Calais, C. 435).

(2) J.-B. Husson, subdélégué de Sedan, parle de « provisions de bouche », telles que poisson et gibier, demandées « aux habitants », en cas de réceptions. Il trouva, d'autre part, les communautés dans l'usage de faire chaque année au subdélégué des présents de vins, de toiles et d'autres choses semblables (*Mémoire*, p. 62).

(3) De Gouve, subdélégué d'Arras, ayant cumulé ces fonctions avec celles de procureur syndic de la ville, le comte de Marcone contesta la légalité de ce cumul, dans un Mémoire du 13 juillet 1761 (Arch. Pas-de-Calais. C. 444). Mais comment de telles réclamations eussent-elles abouti, lorsqu'un arrêt du 31 août 1769, qui défendait « à tous officiers de baillage et sinéchaussée, comme aussi à tous officiers de police et municipaux, d'accepter à l'avenir aucune commission de subdélégué » (Guyot et Merlin, op. cit., p. 444), devait rester lettre morte ?

et qui, rare ou limité au XVIIe siècle, prit, au siècle suivant, un développement d'où résultèrent des abus : en 1756, Husson n'était-il pas, à la fois, subdélégué de Sedan, conseiller à la Cour souveraine de Bouillon, ci-devant maire par élection de Sedan, trésorier de l'Extraordinaire des guerres et fermier des domaines de la Principauté de Sedan et de Raucourt ? A un tel état de choses, les intendants avaient eux-mêmes contribué, soit en appuyant les requêtes par lesquelles leurs subdélégués sollicitaient un office ou une place, soit en leur accordant, lorsqu'il dépendait d'eux, l'emploi recherché. Mais ils durent tenir compte des protestations très vives qui ne tardèrent pas à s'élever : aussi voyons-nous, en 1862, Le Fèvre de Caumartin, intendant de Flandre, s'opposer, de la manière la plus formelle, à ce que Lescuier ajoute à ses fonctions de subdélégué de Béthune et de conseiller pensionnaire celle d'argentier, que les officiers municipaux voulaient encore lui confier[a].

(a) Arch. Pas-de-Calais, c. 472.

Quoi qu'il en soit, la situation des subdélégués apparaît comme s'étant considérablement améliorée, au point de vue pécuniaire, d'un siècle à l'autre, des premières aux dernières années de l'Institution. Notons encore qu'après 1715 ils continuent à jouir de la plupart des privilèges que leur reconnaissait l'Edit de 1704 : c'est ainsi qu'ils prétendent à l'exemption du logement des gens de guerre, des droits de péage, de la taille et même des vingtièmes[b]. La « franchisse postale » leur est, en outre, accordée en 1705 (1). Nombreuses enfin sont les « grâces » de l'intendant ou de la Cour qui intéressent, de façon plus ou moins directe, le budget personnel des subdélégués(2). Ils purent ainsi plus facilement satisfaire aux obligations de leur « place » et en supporter les charges. Celles-ci étaient, d'ailleurs, considérables : le subdélégué devait le plus souvent se loger, installer ses services et payer ses collaborateurs ; il avait, en outre, des frais de bureau et de correspondance, de voyage et de séjour au dehors, de « représentation » et de « réception ». Pour tenir leur rang, pour vivre honorablement et — comme beaucoup y visaient — « noblement », pour avoir de « belles relations », les subdélégués, gens de bourgeoisie moyenne et, plus rarement, de petite noblesse, étant ordinairement sans grande fortune, avaient besoin du

(b) Arch. Marne, c. 1950 et 1051.

(1) V. *infrà*, p.

(2) « Notre richesse commune est dans les *grâces* que veut bien nous départir M. l'intendant », dit un subdélégué de Champagne (Arch. Marne, C. 958.)

supplément de ressources que leur condition leur apporta au XVIIIe siècle. Le Roi eut alors moins de peine à les anoblir, lorsqu'ils sollicitèrent cette faveur, et à leur décerner des distinctions honorifiques, comme l'ordre de Saint-Michel[1].

Nous venons de parler du « rang » que les subdélégués avaient à tenir. Ce rang était plutôt « social » qu'« administratif ». L'Edit de 1704 stipulait bien qu'ils auraient « rang et séance immédiatement après les Trésoriers de France » et qu'ils auraient aussi « rang, séance et voix délibérative dans les présidiaux, bailliages et autres justices royales ordinaires des villes de leur établissement, ensemble dans les élections et greniers à sel, tant aux audiences qu'aux chambres du conseil, après le doyen des conseillers auxdits sièges, sans néanmoins qu'ils pussent prendre aucune part aux rapports ni aux épices du procès, si ce n'est qu'ils fussent d'ailleurs officiers des dits sièges » ; dans ce cas, ils continuaient leurs fonctions et conservaient leur rang s'il était supérieur à celui que l'Edit leur attribuait. Ces prérogatives furent encore augmentées par la suite[2] ; mais les subdélégués qui ne les possédaient pas avant 1704, les perdirent après 1715. Ils n'en jouirent pas moins jusqu'en 1790 de l'autorité la plus grande et, généralement, de la considération la moins contestée.

De l'autorité dont ils disposaient, il leur arriva bien quelquefois d'abuser, par caractère, par passion ou par intérêt ; mais les abus de cette nature sont beaucoup moins fréquents qu'auparavant : c'est l'avis de M. Godard, comme celui de M. L. Meilhac.[a] Il n'était pas rare, jusqu'en 1704 et même jusqu'en 1715, de voir des subdélégués peu scrupuleux, malhonnêtes ou prévaricateurs [b] : les uns ne recevaient qu'au prix de dons en argent ou en nature les miliciens choisis par les communautés, de sorte que celles-ci devaient parfois débourser 400 ou 500 livres en sus de ce qu'elles donnaient déjà à leurs soldats ; d'autres s'entendaient avec les fournisseurs de l'Etat, en majorant, par exemple, les dépenses des étapes pour en partager les bénéfices avec les étapiers ou avec les officiers des troupes ; d'autres encore faisaient jeter en prison et y retenaient indéfiniment des collecteurs qui refusaient de modifier

(a) Godard, op. cit., p. 31, 441, 442 ; L. Meilhac, op. cit., p. 105.

(b) Godard, op. cit., p. 28-30, 468-472 ; — Dopping, t. I, XXIX ; De Boislisle, tome I, 1787 ; A. N. G.7, 233.

(1) Houbronne d'Auvringhem, subdélégué de Boulogne, fut anobli et, peu de temps après, nommé chevalier de Saint-Michel (Abbé Delamotte, *Le Boulonnais à la conquête de son autonomie administrative*, p. 52, 58 et 63).

(2) Notamment, arrêts des 1er juillet et 22 juillet 1704 (Guyot et Merlin, op. cit., p. 441, 442).

les rôles des tailles pour leur plaire ; ou bien, comme ceux que Le Bret dut révoquer en 1680, ils multipliaient leurs vacations pour être payés davantage et faisaient ainsi « fort bien leurs affaires, sinon celles du public ». M. Godard cite encore l'exemple de ce Fénis de Lacombe, objet de la dénonciation remise, en 1700, entre les mains du procureur général de la Chambre de Justice, par le maire de la ville de Tulle, Martial Borderie, « ancien conseiller en la Cour des Aides de Paris, conseiller-secrétaire du Roi en la grande Chancellerie de France honoraire ». Par là se justifiaient, en quelque mesure, les appréciations ou jugements portés sur les subdélégués, soit par de hauts magistrats des Cours des Aides, comme M. du Suduisant, premier président à Bordeaux, ou comme le procureur général de Paris, Bosc, soit par des gens de grande noblesse, comme le duc de Saint-Simon ou le comte de Boulainvilliers(1). — Mais ce qui n'était pas rare au XVIIe siècle, devient exceptionnel au XVIIIe. Si M. l'abbé Delamotte peut dépeindre Houbronne d'Auvringhem, qui administra le Boulonnais de 1739 à 1753, comme un « subdélégué à poigne », qui, pour amener ses administrés à obéir « au doigt et à l'œil, ne ménageait ni les amendes ni les arrestations, — si, dans la subdélégation d'Ardres, de Saint-Just fut, en 1761, relevé de ses fonctions et si son successeur Garnier était l'objet de nombreuses plaintes, — si même J.-B. Husson, subdélégué de Metz, est condamné, le 24 septembre 1763, par le Parlement de Metz, au blâme, à 15.000 livres d'amende et à 25.000 livres de restitution envers le Roi, — s'il y eut, au XVIIIe siècle aussi, des subdélégués qui « n'étaient pas incorruptibles » ou qui agirent en « tyranneaux », il ne s'agit guère que de cas isolés et de faits qui, la plupart du temps, n'étaient pas de nature à porter atteinte à l'intégrité ou à l'honneur des intéressés.

Bien des accusations, d'ailleurs, sont inspirées tantôt par l'envie ou la jalousie, tantôt par l'inimitié ou la haine, tantôt

(1) M. de Suduissant se bornait à dire que tous les subdélégués « n'étaient pas incorruptibles » ; le procureur général Bosc les qualifia de « gens très dangereux et maîtres absolus dans les provinces ». (De Boislisle, *Corresp.*, tome L., 1737, 21 janvier 1715). Saint-Simon s'exprime ainsi : «...A des degrés divers, ils étaient chefs et subalternes, des parvenus, *populace vile* et petite bourgeoisie pour qui les classes privilégiées n'avaient que du mépris mitigé de crainte » (Saint-Simon, *Mémoires*, t. XII, p. 172). Quant au comte de Boulainvilliers, il critique avec âpreté cette « nouveauté » qui revêt, dit-il, à nos yeux *les derniers des hommes* de tout le pouvoir de la monarchie, qui livre le peuple à l'esclavage le plus dur, la noblesse à la honte d'une dégradation continuelle, et toute la campagne au pillage de ces officiers et de leurs auxiliaires » (*Etat de la France*, Préface, *apud* Gasquet, *Précis des Institutions*, tome I, p. 159, 160).

encore par le désir de se venger d'un agent qui fait, estime-t-on, son devoir avec trop de rigueur ou de conscience. Au XVIIe siècle et dans les premières années du XVIIIe, la situation fut souvent difficile et même dangereuse pour les subdélégués : le 30 novembre 1680, un d'entre eux, qui avait été chargé de rechercher des témoignages dans une instruction contre les « billonneurs », se plaint à de Ris, intendant de Béarn, à la fois, des tentatives de corruption et des menaces dont il est l'objet ; — en 1702, un autre subdélégué fut, à Rosny-en-Brie, traité de « bougre » et de « jean-foutre », pour avoir exigé une « revue » ; l'officier lui dit qu'il était venu à bout de plus d'un intendant et qu'un « bougre » comme lui en méritait que d'être jeté dans un cachot ; la maison du subdélégué faillit, en outre, être mise au pillage ; — incident beaucoup plus grave : pendant les troubles auxquels donna lieu l'établissement d'impôts nouveaux, à l'époque de la guerre de Hollande, un subdélégué fut assassiné à Bordeaux[a]. De tels faits ne paraissent pas s'être reproduits par la suite ; mais les subdélégués restèrent en butte aux attaques qui furent souvent dirigées contre leur personne. Ces attaques ont été parfois violentes et acharnées : témoin la lutte qu'eurent à soutenir contre leurs adversaires Garnier, subdélégué d'Ardres, et Houbronne d'Auvringhem, subdélégué de Boulogne. Ce dernier, malgré la confiance que lui manifeste et l'appui que lui donne l'intendant, a des moments d'impatience et de découragement : « Il me faudra pleine justification, écrit-il, le 9 novembre 1749, à Jacques Chauvelin. Si l'on est exposé à de pareils avanies impunément dans la subdélégation, il n'est pas possible d'y rester. » A quoi l'intendant répond : « Vous prenez les choses trop à cœur pour un homme public, qui doit s'attendre à tout et ne s'embarrasser de rien quand il est sûr de lui. On en a dit bien d'autres de moi et je n'en suis ni plus mal famé ni plus inquiet. Je vous conseille donc, dans l'avenir, de traiter cet article de calomnie ridicule qui ne mérite pas de réponse ». Le subdélégué suivit ce conseil et resta à son poste plus de trois années encore ; il en partit seulement lorsque, d'Alègre de Boislandry ayant succédé à Jacques Chauvelin, il ne se trouva plus en communion d'idées ni de sentiments avec le nouvel intendant[1].

(a) A. N. G-7, 101, 117 et 181 ; D. G. 1605 (27 janvier 1702) P. Clément, op. cit., 210, 258, 277 ; Lemoine, La révolte du papier timbré.

(1) Abbé Delamotte, op. cit., page 98 et *passim* — « Pour punir un sieur d'Hembreucq d'avoir gravement insulté le subdélégué, Chauvelin obtint une lettre de cachet contre le coupable et le fit arrêter (Ibidem. p. 32).

Cette retraite volontaire, qui fait d'ailleurs honneur à Houbronne d'Auvringhem, constitue un fait exceptionnel. Les subdélégués, en effet, surtout au XVIIIe siècle, tenaient à leur « place », et, en dehors des cas de décès et de révocation, ils ne l'abandonnaient que pour des raisons d'âge ou de santé, de départ ou d'incompatibilité avec de nouvelles fonctions. Ils mettaient à la conserver le même zèle qu'à l'obtenir. Or, pour être nommé subdélégué, que de démarches ne fait-on ou ne provoque-t-on pas d'ordinaire ? En 1758, D'Alhuin du Pont est chaudement recommandé à Maynon d'Invau pour la subdélégation d'Aire-sur-la-Lys, rendue vacante par le décès du titulaire, et, l'ayant obtenue, en exprime toute sa gratitude à l'intendant ; la même année, Monsigny, qui remplissait les fonctions de maire de Montreuil, offre ses services à d'Invau pour remplacer le subdélégué, qui vient également de mourir, et il fait intervenir M. de Brion en sa faveur ; en 1786, Garnier fils, que patronne son oncle, de Saint-Just, lieutenant général du bailliage, et Parent de Grosmont, qu'appuie l'évêque de Boulogne, sont en compétition pour la subdélégation d'Ardres, dont la vacance était à prévoir en raison de la mauvaise santé de Garnier père[a]. Ces trois exemples sont empruntés à l'intendance d'Amiens ; pour l'intendance de Châlons, M. L. Meilhac cite notamment celui d'un conseiller en l'élection d'Epernay, qui, en 1783, se propose à l'intendant pour la place de subdélégué[b] ; nous en aurons d'autres à mentionner en ce qui concerne le Comté de Bourgogne.

(a) Arch. Pas-de-Calais, c. 87 et 444.

(b) Arch. Marne, c. 1180 (*apud* L. Meilhac, op.cit., p. 7).

Les fonctions de subdélégué étaient donc fort recherchées au XVIII[e] siècle, et les membres d'une même famille ambitionnaient souvent de s'y succéder. Nous venons de le voir pour le fils de Garnier ; il en fut de même pour ceux de Mairesse, subdélégué de Lens, et de Titelouze, subdélégué de Saint-Omer (1). En Champagne, le père, le mari et le fils de la dame d'Aubigny sont successivement subdélégués d'Epernay ; à Rethel, un Tiercelet-Ducloux remplace, en 1765, un Tiercelet-Deson[c]. Nous verrons, en Franche-Comté, des cas analogues se produire à Vesoul et ailleurs.

(c) Arch. Marne, c. 811 ; — Arch. Ardennes, c. 423.

Si nous constatons que tous ces exemples, comme ceux qui précédaient, se rapportent à la seconde moitié du XVIII[e] siècle,

(1) Arch. Pas-de-Calais, C. 444 ; Mémoires des Antiquaires de la Morinie, t. XXII, p. 120 et 138. — Pendant qu'ils exerçent leurs fonctions, les subdélégués se font parfois autoriser à s'adjoindre leur fils (Arch. Aisne, C. 767). — Cf., à Verdun, les deux de Watronville, Mathieu-François et Jean-François (*Deux siècles d'histoire municipale*, par Petilot-Bellavène, p. 457-458)).

nous pourrons y trouver, croyons-nous, une preuve nouvelle, tout ensemble, de la permanence et de la stabilité que présentaient, à cette époque, les fonctions des subdélégués locaux, de l'autorité et de l'influence, de la considération et du prestige dont elles jouissaient, des avantages matériels et moraux qui y étaient attachés, de l'évolution enfin qu'avait subie, au triple point de vue administratif, social et personnel, la situation de ces agents qui furent les serviteurs dévoués et précieux de l'administration sous l'Ancien Régime.

IV. De leurs origines, ils conservent toutefois, jusqu'au dernier jour, certains caractères essentiels. Ils continuent, en effet, à dépendre étroitement des Intendants, qui, administrativement, ont, en quelque sorte, sur eux, qu'ils l'exercent ou non, un droit de vie et de mort ; le Pouvoir central a « reconnu » la fonction, mais ne « connaît » pas l'agent, sur lequel il n'a pas directement d'action. Le subdélégué peut être affecté à telle ou telle « circonscription », passer de l'une à l'autre, voir son « département » s'étendre ou se rétrécir et même disparaître. C'est toujours, en principe, gratuitement qu'il exerce ses fonctions, et celles-ci ne lui donnent aucun rang spécial. Enfin sa compétence varie au gré et selon le bon plaisir de l'Intendant, qui peut, *ratione loci*, lui confier des missions spéciales en dehors de son « département » et, *ratione materiæ*, le doter d'attributions plus ou moins étendues.

En ce qui concerne ces attributions, une règle se pose tout d'abord, à savoir que les subdélégués n'eurent jamais de pouvoirs propres. Ils n'avaient que ceux qu'ils tenaient des « commissions » reçues de l'Intendant ; et celui-ci ne pouvait naturellement leur transmettre que les pouvoirs dont il avait été lui-même revêtu, soit par sa propre « commission », soit par des arrêts spéciaux du Conseil. En somme, toute la puissance publique — et non pas seulement, comme en d'autres temps, la justice — était « retenue » par le Roi, qui en « déléguait », à son gré et sous la réserve de la retirer quand bon lui semblerait, une partie plus ou moins grande à ses commissaires départis ; et ces derniers en « subdéléguaient », à leur tour et dans les mêmes conditions, plus ou moins à des personnes de confiance, qui tiraient de là leur nom de « subdélégués » et qui représentaient au second degré l'autorité royale.

En 1683, un arrêt du Conseil établit une autre règle, en restreignant les attributions des subdélégués à *l'instruction* des affaires *civiles*. C'est en ce sens que le Roi adressait à plusieurs Intendants la lettre suivante : « Ayant été adverty que quelques-uns des maistres des requestes ordinaires de mon hostel, commissaires départis pour l'exécution de mes ordres dans les provinces de mon Royaume, usans du pouvoir qu'ils ont par leurs commissions de subdéléguer ez affaires dont ils sont chargés, en abandonnent quelquefois toute la conduite à leurs subdélégués, en quoy mon service et le public peuvent recevoir du préjudice, d'autant que les subdélégués n'y peuvent vacquer avec la mesme application et la mesme capacité que feraient lesdits commissaires départis, je vous escris cette lettre pour vous dire que mon intention est qu'à l'adveuir *ceux qui seront par vous subdélégués en affaires « civiles » ne puissent procéder si ce n'est à l'instruction d'icelles seulement, voulant que vous vous en reserviez le jugement*, et *à l'esgard des affaires « criminelles » dont je vous attribuerai la connaissance par mes commissions ou arrests de mon conseil*, mon intention est qu'esdites affaires *vous ne subdéléguiez aucune personne non pas mesme pour l'instruction, voulant que les procès de cette qualité soient par vous instruits, jugés et terminés ainsi qu'il vous sera prescript par mes dites commissions ou arrests* [a] ».

(a) Godard, op.cit., p. 29, note I, et p. 473. — Cf. de Boyer de Sainte-Suzanne, op. cit., 5e partie (lettre du Roi à de Breteuil, intendant d'Amiens, en date du 11 déc. 1783).

Une clause conçue en des termes à peu près identiques au passage souligné de la lettre qui précède fut, dès lors, régulièrement insérée dans les « commissions » des Intendants. Toutefois, des tempéraments ne tardèrent pas à être apportés à la règle ainsi établie. Ils furent de deux sortes. Tantôt les Intendants étaient autorisés ou même invités à se faire aider par leurs subdélégués dans l'instruction de procès *criminels :* déjà en 1684 le Roi écrit à de Breteuil, Intendant de Picardie : « Ayant esté informé que lorsqu'il arrive des désordres commis par les gens de guerre, il est nécessaire de dresser des procès-verbaux et d'informer sur le champ, et que l'étendue de votre département ne vous permet pas de vous transporter assez tost sur les lieux, je vous fais cette lettre pour vous dire que vous pouvez subdéléguer pour faire cette première instruction seulement, voulant que les récolemens et confrontations soient faits par devant vous » ; en 1709, Pierre Caze, subdélégué de l'Intendant et avocat au Conseil d'Artois, est, de même, chargé de dresser un procès-verbal d'information dans une affaire de « faux sauniers» déférée à l'Intendant de Bernage par arrêt du Conseil [b]. D'autre part, nous voyons, à la fin du XVIIe siècle et, davantage encore, au XVIIIe, les subdélégués rendre,

(b) De Boyer de Sainte-Suzanne, op. cit., 5e partie ; Arch. Pas-de-Calais, c. 378.

en matière *civile,* des « ordonnances » qui n'ont pas trait seulement à l'instruction et qui constituent de véritables jugements. Il leur arrive même de condamner à l'amende et à la prison. Peut-être étaient-ce là des abus ; mais ils sont fréquents, et on les tolère. Toutes les « ordonnances » des subdélégués sont, d'ailleurs, susceptibles d'appel devant l'Intendant ; il est vrai que celui-ci les réforme rarement et qu'aucun autre recours n'est ouvert contre l'arbitraire : un arrêt du 10 juin 1749 interdit, en effet, aux Parlements de s'immiscer, à aucun titre et d'aucune manière, dans les fonctions des subdélégués (a). A cette défense, toutefois, les Cours judiciaires n'obtempérèrent qu'assez mal : témoin la condamnation prononcée, en 1763, par le Parlement de Metz contre J.-B. Husson. Mais celui-ci porta l'affaire devant le Conseil, en demandant la « nullité de toute procédure instruite contre lui », dans un « mémoire » qui se terminait ainsi : « Ce n'est pas la cause du subdélégué de Sedan qu'il (le Conseil) doit voir dans l'affaire du sieur Husson, mais celle de tous les subdélégués du royaume, qui peuvent être exposés aux mêmes recherches parce que leurs fonctions les engagent dans la même administration et peuvent leur susciter les mêmes ennemis. Le Conseil ne peut compter sur leur vigilance et leur activité qu'autant qu'il soutiendra leur confiance et leur fermeté dans l'exercice légitime de leurs devoirs (b) ».

(a) De Boyer de Sainte-Suzanne, op. cit., p. 29 et 363. — Voir aussi Ord. royale du 10 déc. 1683.

(b) *Mémoire* pour J.-B. Husson, subdélégué au département de Sedan ...demandeur en nullité de toute procédure contre lui au Parlement de Metz, 1766., p. 91.

Mais les attributions des subdélégués sont moins d'ordre contentieux que d'ordre administratif proprement dit. Dans ce dernier ordre, quelles sont-elles ? — Voici les dispositions que contenait, à cet égard, l'Edit de 1704 : 1° Les subdélégués « recevront toutes les requêtes adressées aux sieurs Intendants et Commissaires départis, auxquels ils les enverront le plutôt que faire se pourra, avec les éclaircissemens et instructions nécessaires et leurs avis » ; 2° ils « recevront pareillement tous les ordres qui leur seront adressés par lesdits sieurs Intendants et Commissaires départis pour les choses concernant le service du Roi, les enverront aux maires, eschevins, consuls ou syndics des communautés, et tiendront la main à leur exécution » ; 3° ils « assisteront lesdits sieurs Commissaires départis dans les départemens des tailles et autres impositions » ; 4° ils « s'instruiront le plus exactement que faire se pourra de l'état de chacune des paroisses de leurs départemens et de toutes les affaires qui les concernent, pour leur en rendre compte ». Il est dit, en outre, que, « dans les cas qui le requerront », ils « dresseront leurs procès-verbaux, qu'ils enverront aussi avec leurs avis ».

Après 1715, les subdélégués locaux (c'est d'eux évidemment qu'il s'agit ici) conservent toutes ces attributions ; leurs pouvoirs ne cessent même de s'accroître et finissent par s'étendre à toutes les « matières » dont l'administration a, dans leur département, à s'occuper plus ou moins directement : comme le remarque très justement M. Meilhac, dans la conclusion de sa thèse (a), c'est par une nécessité en quelque sorte inéluctable que l'autorité royale, après avoir, à la fin du XVIIe siècle, estimé à propos de limiter les pouvoirs des subdélégués, est arrivée, au XVIIIe siècle, à leur donner ou à leur reconnaître plus d'étendue et à les défendre contre les Parlements. Les subdélégués apparaissent alors comme des agents non seulement de *contrôle*, de *transmission* et de *surveillance*, ainsi que les représentent M. de Boyer de Ste-Suzanne et M. Garnier, archiviste de la Côte-d'Or, cité par M. Godard (b), mais encore *d'exécution*, *d'information* ou *d'instruction* et même de *décision*. D'un côté, en effet, les subdélégués locaux recueillaient des renseignements, donnaient des avis, rédigeaient des rapports, collaboraient à diverses opérations administratives, telles que la répartition des impôts et le recrutement de la milice, participaient à l'instruction de certaines affaires et à l'exécution des ordres ou des décisions de l'autorité supérieure : voilà ce qu'ils étaient vis-à-vis de l'Intendant. D'autre part, ils recevaient les demandes ou les pièces destinées à l'Intendant et transmettaient les communications ou instructions de celui-ci, ils agissaient en son nom et le représentaient officiellement, ils rendaient des « ordonnances » et jugeaient : voilà ce qu'ils étaient vis-à-vis des municipalités et du public. Des deux côtés, ils jouaient, dans leurs « départements », le même rôle que l'Intendant dans la province ou la généralité.

(a) L. Meilhac, op. cit., p. 102.

(b) De Boyer de Sainte-Suzanne, op. cit., p. 38 ; Godard, op. cit., p. 24.

De là cette situation que nous avons dépeinte et qui comportait tout ensemble tant d'autorité, presque discrétionnaire, à l'égard des particuliers et des officiers municipaux, et tant de dépendance, presque servile, à l'égard des Commissaires départis. On peut dire de cette situation ce que Saint-Simon disait de celle des Intendants : « Un état si puissant était bien compensé par la dépendance entière et absolue des ministres, auxquels il fallait rendre compte exact de tout, et particulièrement de leurs ordres, qui les (les Intendants) tenaient de fort près et leur donnaient souvent des coups de caveçon fort sensibles ».

Les « coups de caveçon » n'ont pas manqué, non plus, aux subdélégués, qui en reçurent non seulement de l'Intendant, mais encore — et plus peut-être — de ses secrétaires. Toutefois M. de Boyer de Ste-Suzanne a pu écrire : « La hiérarchie imposait à tous les fonctionnaires de l'administration des règles strictes et rigides, mais l'Intendant s'attachait à corriger par l'aménité des formes ce qu'elles pouvaient avoir de blessant pour l'amour-propre de ses subordonnés. Chose remarquable, le sentiment hiérarchique était beaucoup plus développé, la ligne de démarcation entre les agents du pouvoir bien plus tendue que de nos jours, et cependant les relations extérieures étaient plus courtoises et plus cordiales. Le ton de la correspondance administrative est tout à fait noble et familier. Par un sentiment élevé de sa dignité, le chef de l'administration provinciale se respectait jusque dans la personne de ses inférieurs (1) ».

Cela est vrai surtout à la fin du XVIIIe siècle, époque où les Intendants étaient, eux aussi, l'objet de plus d'égards de la part des Ministres, qu'ils voyaient plus souvent, et de la Cour, qu'ils fréquentaient davantage. C'est, entre les subdélégués et leurs chefs, le même parallélisme, si nous pouvons ainsi nous exprimer, et, pour les uns et pour les autres, la même évolution que nous avons, à maintes reprises, constatés et notés.

V. M. de Boyer de Ste-Suzanne n'en apprécie pas moins d'une manière peu favorable les subdélégués locaux. Après avoir admis, d'après des textes qui remontent à l'époque de Colbert, que le personnel et l'administration de ces agents « devaient laisser beaucoup à désirer », il cherche à l'expliquer en disant : « Cela tenait à ce que ces employés étaient relégués à un rang trop inférieur, privés de rapport direct avec les ministres, même en l'absence de l'intendant, qui, dans quelque lieu qu'il fût, se faisait adresser sa correspondance et la transmettait aux ministres compétents. N'ayant point fait d'études préalables, sans responsabilité vis-à-vis du Gouvernement, ne pouvant espérer aucune faveur, les subdélégués négligeaient

(1) De Boyer de Sainte-Suzanne, op. cit., p. 40. — Les subdélégués entretenaient presque toujours des relations très étroites avec l'intendant et sa famille, qu'ils « recevaient » et par lesquels ils étaient « reçus » (voir *infra*, p.

parfois l'intérêt public pour obéir à des convenances particulières et satisfaire leurs passions » (a). — Contre la sévérité de de cette appréciation, M. L. Meilhac proteste, non sans raison, croyons-nous : « Les subdélégués, écrit-il, nous ont apparu le plus souvent comme des bourgeois, revêtus en général de fonctions judiciaires ou officielles, tenant à honneur d'acquérir les lumières qui leur manquent, s'inspirant des nécessités du moment, s'appliquant à connaître la situation réelle des populations, intercédant, le cas échéant, en leur faveur, demandant, par exemple, la réduction de la corvée quand l'année est mauvaise pour les campagnes (b) ». Et M. Meilhac conclut : « Que l'heureuse influence des intendants ait été propagée imitativement par leurs auxiliaires, cela ne saurait surprendre, et il semble bien que, pour la Champagne, on le puisse penser. Peut-être convient-il de savoir gré aux subdélégués de ne s'être pas trop souvenus qu'ils exerçaient dans leur ville même des fonctions arbitraires et d'avoir songé parfois à l'intérêt général, en un temps où il y avait quelque mérite à cela (c) ». — Ces lignes pourraient être illustrées par l'exemple d'un subdélégué de Picardie dont il a été souvent question dans les pages qui précèdent : nous voulons parler d'Houbronne d'Auvringhem, qui a été pris à partie, avec une passion et une violence rares, par des adversaires conjurés pour le perdre, et dont M. l'Abbé Delamotte croit pourtant pouvoir faire l'éloge suivant : « En vérité, que l'on consulte, au fonds de l'intendance ou à celui des archives communales de Boulogne, les documents ayant trait à la période de sa subdélégation, l'on verra que la connaissance des hommes, l'habilité à tirer parti des passions de chacun, une raison froide et impartiale passant au-dessus des intérêts privés, l'énergie dans l'exécution après une décision réfléchie, il n'a rien manqué à d'Auvringhem de ces facultés rares et de ces mâles vertus qui font l'administrateur modèle, tel qu'on le considérait à cette époque ». « Subdélégué à poigne », dit ailleurs cet auteur, mais « administrateur hors de pair (d) ». — Si peu de subdélégués ont eu la valeur et l'autorité d'Houbronne d'Auvringhem, beaucoup d'entre eux, la grande majorité même, se sont distingués dans l'exercice de leurs fonctions, au XVIIIe siècle tout au moins (1). Nous en trouverons la confirmation dans ce que nous aurons à dire des subdélégués de Franche-Comté.

(a) De Boyer de Sainte-Suzanne, op. cit., p. 38.

(b) L. Meilhac, op. cit. p. 98-99.

(c) Ibidem, p. 106.

(d) Abbé Delamotte, op. cit., p. 30, 43, 59.

(1) Au 17e siècle, par contre, « l'ordre étant arrivé de révoquer les subdélégués, un habitant de Nancy, nommé Caboud, fut le seul particulier qui en demanda le rétablissement au ministre » (Godard, op. cit., p. 28.)

C'est avec beaucoup plus de raison que M. de Boyer de Ste-Suzanne rapproche les fonctions de subdélégué local de celles de sous-préfet, avec lesquelles elles « présentent, dit-il, une analogie frappante ». Les uns et les autres sont, en effet, placés à la tête de circonscriptions déterminées ; de même que les premiers sont subordonnés aux Intendants, les seconds le sont aux Préfets, qui ont remplacé, dans l'administration moderne, les Commissaires départis de l'Ancien Régime ; des seconds, comme des premiers, aucune condition d'âge ni de capacité n'était, jusqu'à ces derniers temps, exigée (1) ; enfin les pouvoirs des sous-préfets sont, comme ceux des subdélégués locaux, limités *ratione loci* et *ratione materiæ*. Mais il y a aussi d'importantes différences : les circonscriptions à la tête desquelles sont placés les sous-préfets ne peuvent être modifiées que par le législateur ; c'est le Gouvernement qui nomme les sous-préfets, qui leur donne de l'avancement ou les relève, le cas échéant, de leurs fonctions ; ils reçoivent un traitement fixe et jouissent d'autres avantages pécuniaires, ils sont logés et meublés gratuitement ; leur personnel (2) est payé partie par l'Etat et partie par le Département ; les sous-préfets, qui ont les mêmes origines et qui sont soumis aux mêmes règles que leurs chefs, peuvent, en s'élevant de classe en classe, devenir Préfets et atteindre, par suite, les plus hauts degrés de la hiérarchie administrative ; dans leurs « arrondissements », ils occupent « protocolairement », parmi les fonctionnaires et agents de tous ordres, soit le premier rang, soit une des premières places ; d'autre part, si leurs attributions sont moins étendues que celles des subdélégués, ils possèdent, par contre, en petit nombre il est vrai, des pouvoirs propres, qu'ils tiennent de la loi ou des règlements (3). Avec moins d'autorité et souvent de capacité, ils jouissent, à la fois, de plus d'indépendance vis-à-vis des Préfets et, généralement, de plus de prestige auprès de leurs administrés. En tout cas, ils

(1) A la date du 5 octobre 1928, est intervenu un décret qui fixe, pour la première fois, les conditions de nomination et d'avancement (âge, capacité, durée des services, equivalences) en ce qui concerne à la fois les sous-préfets et les secrétaires généraux de préfecture.

(2) Il sera parlé, à propos des subdélégués locaux de Franche-Comté, du personnel dont ils étaient entourés et notamment du « greffier », dont les fonctions furent, elles aussi, érigées en « offices » au début du XVIIIe siècle, mais ne le restèrent que peu de temps (voir *infrà*, p.).

(3) Ces pouvoirs propres ont été augmentés, en matière de tutelle administrative plus particulièrement, par le décret du 5 novembre 1926 sur la décentralisation et déconcentration administrative.

sont moins utiles aujourd'hui que ne l'étaient les subdélégués locaux dans la seconde moitié du XVIIIe siècle, et la suppression récente d'un grand nombre de sous-préfectures a pu s'effectuer plus facilement que ne l'eût fait, même au XVIIe siècle, celle des subdélégations auxquelles correspondaient ces postes sous l'Ancien Régime.

Entre subdélégués *généraux* de l'Intendance et secrétaires généraux de préfecture, les ressemblances ne font pas, non plus, défaut ; mais, entre les fonctions des uns et celles des autres, il existe une différence primordiale, dont beaucoup de divergences moins importantes dérivent : c'est que les fonctions de secrétaire général sont permanentes. De même, en ce qui concerne leurs attributions administratives — et même, exceptionnellement, leurs attributions contentieuses — les conseillers de préfecture peuvent, à certains égards, être rapprochés des subdélégués *spéciaux* ; mais ils sont, eux aussi, permanents et ils possèdent, en outre, des pouvoirs propres, dont l'un leur permet de remplacer le Préfet dans la plénitude de ses attributions, soit, comme le secrétaire général, par délégation, soit même d'office (Ord. 29 mars 1821, art. 1 et 2) (1).

Ce qui caractérise essentiellement tous les agents secondaires institués par la loi du 28 pluviôse an VIII sur l'administration et ce qui les fait surtout différer des diverses sortes de subdélégués, c'est qu'ils sont, au sens exact du mot, de véritables « fonctionnaires », nommés par le Gouvernement, payés par l'Etat, ayant une situation et un rang déterminés, agissant tantôt en vertu de pouvoirs qu'ils tiennent de la loi ou des réglements et tant comme *délégués* du Préfet, dont les pouvoirs ont la même origine. Mais, eux aussi, ils sont révocables *ad nutum*, parce que le Gouvernement, quelles qu'en soient la nature et la forme, doit toujours avoir dans la main des agents qui sont plus spécialement chargés d'assurer l'exécution de ses ordres et de ses « directives ».

Dans le rapprochement de ces ressemblances et de ces différences apparaît, après celle que nous avons constatée, pour les subdélégués, des origines aux derniers temps de leur institution, l'évolution qui s'est produite d'un régime à l'autre. A un

---

(1) Les conseils de préfecture ont fait récemment l'objet d'une très importante réforme : ils sont devenus « interdépartementaux » et leurs attributions « administratives » ont été modifiées dans un sens restrictif.

régime nouveau, il fallait une administration nouvelle ; mais cette nouvelle administration a, dans sa forme principalement, beaucoup emprunté à l'ancienne. C'est que, pas plus dans le domaine administratif que dans le monde physique, la nature ne fait, à proprement parler, de saut, *natura non facit saltus*.

Les Subdélégués de l'Intendance en Franche-Comté au XVIIIe Siècle

A. — Les Intendants de Franche-Comté et le personnel de l'Intendance.

Avant de parler de l'organisation particulière des subdélégués de l'Intendance en Franche-Comté, disons quelques mots de leurs chefs, les Intendants qui administrèrent successivement la province, et du personnel dont ceux-ci disposaient au siège même de l'Intendance, premiers secrétaires, secrétaires en second ou commis et greffiers.

I. Nous avons vu qu'immédiatement après la conquête définitive de la Franche-Comté, Louis XIV introduisit dans cette nouvelle province le système administratif donné à la France par Richelieu et Mazarin : il y mit, en effet, dès 1674, quatre ans avant le traité de Nimègue, un Intendant ou Commissaire départi pour le Comté de Bourgogne. Cet Intendant était Le Camus de Beaulieu, qui resta en Franche-Comté jusqu'en 1675, d'après M. Godard, ou jusqu'en 1677, d'après d'autres auteurs (a).

(a) Godard, *op. cit.*, p. 524 ; - *Almanach de Besançon et de la Franche-Comté*, année 1785, p. 91.

M. Godard donne même deux prédécesseurs à Le Camus de Beaulieu : Michel Le Pelletier de Souzy et Jacques Charuel, qui furent envoyés en Franche-Comté, le premier, au mois de février 1668, et le second, au mois de juin suivant (b). Mais les circonstances ne permirent pas alors de continuer dans le pays ce premier essai d'administration française ; et ce n'est que six ans plus tard que Le Pelletier de Souzy et Charuel eurent des successeurs.

(b) Godard, *loc. cit.*

Après Le Camus de Beaulieu, vint Louis Chauvelin, qui administra la province jusqu'au mois de décembre 1683.

Puis, ce furent: Claude de la Fond, de 1683 à 1698, avec plusieurs intérims, notamment en 1689 ; Desmarets de Vaubourg, du mois de février 1698 au mois d'août 1700 (1); André d'Harrouys, jusqu'au mois de janvier 1703; Louis de Bernage, seigneur de Saint-Mauris, de janvier 1703 à mai 1708; Le Guerchois, de 1708 à 1717. Sous le règne de Louis XV, se succédèrent, après Le Guerchois : Le Febvre d'Ormesson, de 1717 à 1718; Charles de La Neuville, qui fut seize ans Intendant de Franche-Comté (1718-1734); Barthélemy de Vanolles, qui le resta dix ans (1734-1744) (2); Mégret de Sérilly, de 1744 à 1750; Moreau de Beaumont, de 1750 à 1754; Bourgeois de Boynes, de 1754 à 1761, et Charles-André de Lacoré, qui remplit les mêmes fonctions pendant 23 ans. Le dernier Intendant de Franche-Comté fut Marc-Antoine Le Fèvre de Caumartin de Saint-Ange, successeur de M. de Lacoré (1784-1790) (a).

(a) Godard ; *loc. cit.*, et Almanach, même année.

Ainsi, pour une période de 116 ans, le Comté de Bourgogne eut 15 Intendants. Nous connaissons mal les huit premiers, bien que l'un d'eux, Claude de la Fond, soit resté 15 ans à Besançon. Des sept autres, les cinq derniers, ceux qui ont administré la province pendant la période dont nous nous occupons, sont seuls bien connus. « Parmi eux, dit M. Finot, ancien archiviste de la Haute-Saône, MM. de Beaumont, de Lacoré et Caumartin de Saint-Ange furent des administrateurs remarquables », dont il convient de louer « l'intelligence, le zèle et les généreuses intentions »; M. Finot rappelle, en outre, que M. de Beaumont est l'auteur « d'une savante histoire de l'impôt en France » et que M. de Saint-Ange fut « l'ami et le correspondant de Voltaire ». A ces noms, il ajoute celui de M. de La Neuville, qui « rédigea un mémoire historique et statistique fort curieux sur la province. » D'autre part, l'administration de M. de Lacoré a mérité de faire l'objet d'une étude très intéressante, écrite en 1898 par M. Roger de Lurion (b).

(b) Finot, *Introduction au tome II de l'Inventaire sommaire des Archives de la Haute-Saône antérieures à 1790* ; — R. de Lurion, *M. de Lacoré, intendant de Franche-Comté (1761-1784).*

Avant de venir à Besançon, la plupart des Intendants dont nous venons de parler avaient exercé les mêmes fonctions dans d'autres provinces : la Franche-Comté n'était pas ordinairement, comme on dirait aujourd'hui, un « poste

(1) C'est par erreur, croyons-nous, que, dans leur « Histoire de Gray », Gatin et Besson attribuent à l'intendant d'Harrouys un mémoire rédigé en 1698 et relatif à la navigation de la Saône (p. 452).

(2) M. de Lurion (*op. cit.* p. 8) se trompe, selon nous, lorsqu'il écrit que Barthélemy de Vanolles « occupa cette charge jusqu'au 1er mars 1743 ». M. de Vanolles fut bien nommé intendant d'Alsace en 1743 ; mais il ne quitta l'Intendance de Franche-Comté, pour se rendre à son nouveau poste, qu'au commencement de 1744.

de début ». Par exemple, au XVIIe siècle, Desmarets de Vaubourg avait été successivement Intendant ou Commissaire départi dans le Béarn et la Navarre, de 1685 à 1687, dans la généralité de Riom, de 1687 à 1691, et à Nancy, de 1691 à 1698, avant de l'être en Franche-Comté. De même, au XVIIIe siècle, M. de Lacoré ne fut nommé à Besançon qu'après être allé à Montauban, où il avait fait un séjour de 5 ans (a).

M. de Lacoré « sortait » du Conseil du Roi, où il avait été nommé maître des requêtes à 29 ans, le 18 juillet 1749; il était, en outre, pourvu, depuis le 9 avril 1756, d'une charge de président au Grand Conseil (b). Dans les actes qu'il signe comme Intendant du Comté de Bourgogne, il s'intitule d'abord « Chevalier, conseiller du Roi en ses Conseils, maître des requêtes *ordinaire* de son Hôtel » ; ensuite, il n'est plus que « maître des requêtes *honoraire* ». Mais, à partir de 1777, il prend un titre nouveau : celui de « premier Président du Bureau des finances »; c'est, en effet, à cette époque que la Chambre des Comptes de Dôle fut supprimée et remplacée par un Bureau des finances, qui eut son siège à Besançon et dont l'Intendant fut le premier président (c).

Tous les Intendants de Franche-Comté portèrent, comme M. de Lacoré, le titre de « maître des requêtes », qui indique leur commune origine, et ceux de « chevalier » et de « conseiller du Roi en ses Conseils ». A ces titres, Charles de La Neuville ajoute ceux d' « Intendant des deux Ordres de Sa Majesté » et de « président à mortier du Parlement de Navarre », Jean-Nicolas Mégret de Sérilly celui de « conseiller d'honneur en la Cour des Aydes de Paris ». En 1757, Pierre-Etienne Bourgeois de Boynes devient « premier Président du Parlement de Franche-Comté »; M. de Lacoré perd, en 1761, ce titre, mais, 16 ans plus tard, il acquiert, comme on vient de le voir, celui de « premier Président du Bureau des finances », qu'il transmet, en 1784, à M. Caumartin de Saint-Ange (d).

La dénomination exacte et complète des fonctions confiées aux divers Intendants de Franche-Comté a également varié, suivant les époques. M. de la Fond est « Intendant des armées de Sa Majesté en Allemagne, de la Marine, et du Comté de Bourgogne », MM. de La Neuville et de Sérilly « Intendants de Justice, Police, Finances, Fortifications, Marine au Comté de Bourgogne, et des Troupes de Sa Majesté sur cette Frontière ». Leurs successeurs ne sont plus qu' « Intendants de Justice, Police et Finances » ou même, tout simplement, « Intendants du Comté de Bourgogne » (e).

(a) Godard, *op. cit*, passion, not. p. 524. — R. de Lurion, *op. cit*, p. 9.

(b) R. de Lurion, *op. cit.*, p. 3.

(c) Arch. Haute-Saône, C, passim.

(d) Ibidem.

(e) Ibidem.

Après s'être acquittés de leurs fonctions, les Intendants de Franche-Comté eurent des sorts divers, et, comme il arrive trop souvent dans l'Administration, ce ne sont pas toujours les plus méritants qui furent le mieux récompensés. MM. de Beaumont, de Boynes et de Lacoré devinrent tous trois conseillers d'Etat: mais M. de Beaumont fut d'abord appelé à l'Intendance de Flandre et, si M. de Lacoré passa de celle de Franche-Comté directement au Conseil d'Etat, ce n'est qu'après être resté près d'un quart de siècle à Besançon : il avait, d'ailleurs, 64 ans et il devait mourir peu de mois après; au contraire, M. de Boynes était encore jeune lorsqu'il « entra » au Conseil d'Etat, et pourtant il s'était, par son « caractère entier et tyrannique » et par ses « tracasseries vis-à-vis des corps constitués et des citoyens », rendu « aussi impopulaire que possible » en Franche-Comté (a). De plus hautes destinées lui étaient même réservées, puisque, dans les dernières années du règne de Louis XV, il devint ministre de la Marine. Des autres Intendants du Comté de Bourgogne, trois encore, MM. de la Fond, de Vanolles et de Sérilly, passèrent avec la même qualité, en Alsace; l'un d'eux, M. de Sérilly, ne tarda pas à y mourir. Le Pelletier de Souzy avait, comme M. de Beaumont, été nommé en Flandre; Jacques Charuel était, en 1670, à Ath et, en 1673, à Nancy; Camus de Beaulieu fut Intendant du Roussillon de 1676 à 1681; Louis Chauvelin alla de Besançon à Amiens, puis à Tours; d'Harrouys passa en Champagne; de Bernage fut à Amiens l'un des successeurs de Chauvelin. Quant à Desmarets de Vaubourg, à Le Guerchois, à Le Febvre d'Ormesson, à Charles de La Neuville et à Caumartin de Saint-Ange, nous ignorons à quelles fonctions ils furent appelés ou ce qu'ils firent en quittant l'Intendance de Franche-Comté (b).

(a) R. de Lurion, *op. cit.*, p. 8.

(b) Godard, *op. cit.*, et Arch. Haute-Saône, C, passim, (not. liasses 208 et 223, lettres du 9 août 1754 et du 20 août 1776).

II. De ces chefs de l'administration en Franche-Comté, quels furent, à leurs côtés mêmes, les collaborateurs ou auxiliaires ?

On peut en distinguer de deux sortes : ceux qui étaient pourvus d'une « commission » de la Cour ou de l'Intendant, et ceux qui étaient simplement nommés par ce dernier, sans « commission ».

Le premier groupe ne comprend guère, dans le Comté de Bourgogne, que les subdélégués généraux et ceux, parmi les subdélégués particuliers, qui résidaient au siège de l'Intendance. Il n'y eut jamais, en France-Comté, de « sous-intendants ». Par là, cette province diffère de la Champagne, qui, en 1786, avait, pour Intendant, Gaspard-Louis Rouillé d'Orfeuil, « chevalier, grand'croix et maître des

cérémonies honoraire de l'Ordre royal et militaire de Saint-Louis, conseiller du Roi en ses conseils, maître des requêtes honoraire de son Hôtel », et, pour Sous-Intendant, Antoine-Louis Rouillé, fils du précédent, « chevalier, conseiller du Roi en ses conseils, maître des requêtes ordinaire de son Hôtel ». Déjà, au siècle précédent, Daniel Voisin, avant de devenir Intendant de Champagne, fonctions qu'il remplit de 1656 à 1665, y avait été, de 1647 à 1651, « intendant adjoint », sous l'administration de Molé de Champlâtreux et de Paget (a).

(a) Godard, *op. cit.*, p. 527 et note ; — Lalanne, *Dict. hist. de la France.*

Le second groupe est constitué par le personnel de l'Intendance, et c'est de lui seulement qu'il sera question ici; nous parlerons plus loin des subdélégués. On peut, d'ailleurs, faire, en ce qui concerne les employés ou commis de l'Intendance, une nouvelle distinction, selon qu'ils suivaient plus ou moins le sort de l'Intendant ou qu'au contraire ils en étaient complètement indépendants. Les premiers étaient moins nombreux; mais ils occupaient les meilleures places et les emplois supérieurs. De ce nombre étaient notamment les premiers secrétaires de l'Intendance.

Il n'y avait, en principe, qu'un premier secrétaire dans chaque Intendance : c'est celui qui jouissait, comme l'Intendant et les subdélégués, de la franchise postale, qui recevait du Roi un traitement, des Etats et des villes soit des indemnités, soit des gratifications (1), qui contresignait les ordonnances de l'Intendant, qui servait ordinairement d'intermédiaire entre celui-ci, lorsqu'il était était absent ou empêché, et les subdélégués et qui, à l'occasion, était lui-même chargé des fonctions de subdélégué général (b). En Franche-Comté, cette situation fut d'abord occupé successivement par Houllier le père et Houllier le fils, Odé Le Boucher et Malus.

(b) Godard, *op. cit.*, p. 38-35 et notes ; — Arch. Haute-Saône, C, l. 204-229, passim (not. l. 212-215).

Le premier, Alexis Houllier, qui était « avocat au Parlement de Paris » et « Conseiller du Roi », avait été amené à Besançon par M. de la Neuville : il exerçait auparavant les fonctions d' « élu en l'élection de Sézanne ». Il resta auprès de M. de la Neuville une douzaine d'années, jus-

(1) Ardaschell donne les exemples suivants : Au budget de la Ville de Bordeaux est inscrit, pour 1777, une somme de 200 livres, allouée au secrétaire de l'intendance qui s'occupe des affaires de la Ville, « suivant l'usage immémorial » ; de la Ville de Toulouse, le premier secrétaire de l'Intendance reçoit 300 livres ; l'assemblée des communes de Provence, dans sa séance du 22 novembre 1780, vote 900 livres au même agent ; les Etats de Bresse font figurer à leur budget, en 1778, 400 livres et ceux de Gex, la même année, 150 livres pour le premier secrétaire de l'Intendance (op. cit., p. 430-432).

qu'en 1730 ou 1731, puis se retira de lui-même, laissant, croyons-nous, sa place à son fils, Henry-François Houllier, qui devait, en 1733, faire fonctions de subdélégué général (a).

(a) Arch. Haute-Saône, C, liasses 1-20, passim.

Avec M. de Vanolles, arrive Odé Le Boucher. Il ne porte d'abord que le titre de premier secrétaire. Mais il ne tarde pas à prendre, à son tour, celui de subdélégué général, que lui donne, du reste, également l'Intendant. Fidèle à M. de Vanolles, il quittera Besançon en même temps que lui et le suivra en Alsace (b).

(b) Ibidem.

C'est le même sort qui attend Malus, son successeur. Venu en Franche-Comté avec M. de Sérilly il remplira auprès de celui-ci les fonctions de premier secrétaire; puis, pendant une absence prolongée de l'Intendant, il recevra de la Cour une commission de subdélégué général; enfin, lorsque M. de Sérilly sera appelé, comme son prédécesseur, à l'Intendance d'Alsace, Malus ira avec lui à Strasbourg. Mais M. de Sérilly meurt peu de temps après; que deviendra son premier secrétaire ? il devra se résigner à exercer simplement la charge de « commissaire des guerres » dont il était déjà pourvu à Besançon (c) [1].

(c) *Almanach* des années 1745-1750.

Après Malus, il y eut, à l'Intendance de Franche-Comté, deux secrétaires « en chef » : « Il est arrivé ici (à Besançon), écrit Malus lui-même le 13 septembre 1750, deux secrétaires de M. de Beaumont pour travailler en chef. Ils auront chacun leur département distinct, sans que l'un dépende de l'autre... Ce sera donc d'aujourd'hui que je cesserai toutes fonctions dans cette province... » (d) Ces deux premiers secrétaires, envoyés par M. de Beaumont avant

(d) Ibidem, C, liasse 206.

(1) Voici ce qu'il écrit à ce sujet, le 6 novembre 1752, au subdélégué de Vesoul : « Je suis extrémement sensible à la part que vous voulés bien prendre à mes malheurs. La perte que je viens de faire y met le comble. Depuis bientôt trois semaines que je suis icy (à Paris), je ne mange que du pain des larmes, et je n'envisage rien qui puisse calmer ma juste douleur. Je compte de retourner dans peu à Strasbourg pour mon déménagement. Il y a bien de l'apparence que ne pouvant rien faire de mieux, j'y fixeray mon séjour pour y continuer les tristes fonctions de commissaire des guerres. Je les apelle tristes par ce qu'en effet elles le sont pour quelqu'un qui est accoutumé depuis longtems à un travail plus laborieux....» Un peu plus tard, le 31 janvier 1754, il disait encore : « Je suis ici (à Paris toujours) depuis quatre mois, où j'ai essuyé une grosse maladie. Des motifs particuliers m'ont fait renoncer à retourner en Bretagne, et j'attens que le Ministre décide du lieu où il voudra m'envoyer pour exercer ma charge de commissaire des guerres. Quoy qu'il me fasse payer icy de mes appointemens comme si j'étais en fonctions, je ne laisse pas que de m'y ennuyer beaucoup : c'est un païs où il faut s'armer de patience. La mienne a été mise à de cruelles épreuves depuis quelque temps...» Six mois après, il arrivait à Metz ; et, au commencement de 1758, il était à Lille. Sans doute, il s'était habitué à sa nouvelle situation, car ses lettres ne renferment plus de telles doléances. (e)

(e) Arch. Haute-Saône, C, liasses 207, 208 et 212.

de prendre possession de son poste, étaient David et de Bourges. Comme Malus, ils devaient rester à Besançon aussi longtemps que leur maître et en partir en même temps que lui.

C'est encore ce qui se produisit pour Auda, premier secrétaire de M. de Boynes. Mais celui-ci, devenu conseiller d'Etat, n'avait plus besoin de secrétaire. Auda fut donc obligé de chercher une autre position : il se fit « avocat aux Conseils du Roy », ce qui, tout en le laissant près de M. de Boynes, constituait pour lui « un état plus tranquille et plus conforme à sa façon de penser ». Il continua, d'ailleurs, à rester en rapports avec la Franche-Comté : il y avait, en 1763, plusieurs affaires, notamment à Velleguindry, village voisin de Vesoul; en 1768, Griois, l'un des principaux secrétaires de l'Intendance, le recommandait au subdélégué de Vesoul; en 1779, il est encore question de lui dans une lettre de M. de Lacoré au même subdélégué (a).

(a) Ibidem, C, liasses 216 (lettre du 21 février 1763), 218 (lettre du 2 juillet 1765) et 225 (lettre du 22 novembre 1779).

En 1761, Auda avait été remplacé par Focard. Mais Focard n'est pas seul à prendre le titre de premier secrétaire : l'aîné des deux frères Ethis (1), venu en même temps que lui, se donne et se fait donner également ce titre (b). Il était, il est vrai, par rapport à Focard, dans une situation analogue à celle de De Bourges vis-à-vis de David; il y avait toutefois, entre les deux secrétaires de M. de Lacoré, une différence importante : Focard était seul à jouir de la franchise postale. Une lettre de M. de Lacoré, écrite le 16 décembre 1761 à ses subdélégués, montre bien quelle était la situation respective de Focard et d'Ethis : dans cette lettre, l'Intendant, sur le point de partir pour Paris, invite les subdélégués à « adresser directement à M. Focard » les affaires de leur département, « à l'exception cependant de celles qui sont du bureau de M. Ethis », qui a été « chargé du contentieux » et à qui elles devront être envoyées, « en observant de les mettre sous le couvert de M. Focard afin de lui [à Ethis] en éviter le port »(c).

(b) Ib. liasse 214 (lettre du 1er décembre 1761).

(c) Ibidem, même liasse

(1) Ethis de Corny (Dominique-Louis), l'aîné, était né à Metz, le 10 novembre 1736; « écrivain au style quelque peu prétentieux, suivant la mode du temps », il fut membre de l'Académie de Besançon ; pour les fêtes de l'Intendance, il composait, avec Philipon de la Magdeleine, avocat du Roi au bureau des Finances et inspecteur de la librairie, « des divertissements mêlés de prose et de vers » ; il est aussi l'auteur d'une des inscriptions destinées à commémorer la pose de la première pierre de la Nouvelle Intendance : cette inscription est en latin. — Ethis de Berthelange (Antoine-Casimir) était de neuf ans plus jeune que son frère. Né également à Metz, en 1745, il devait mourir à Besançon, le 6 mai 1822, après avoir été, sous la Restauration, conseiller à la Cour d'appel (R. de Lurion, *op. cit.*, p. 41, note. — Les autres renseignements fournis par M. de Lurion sur les deux frères sont moins exacts).

En 1764, Focard abandonne ses fonctions de premier secrétaire. Le titre appartiendra, dès lors, incontestablement et exclusivement, à Ethis, qui le gardera jusqu'en 1772 (1). A la fin de 1773, il était à Verdun ; plus tard, il passa à Amiens, où il se trouvait encore en 1777 (a-b).

(a) Ibidem, liasse 221 (lettre du 10 décembre 1773).

(b) Ibidem, c. 224 (lettre du 7 décembre 1777).

La succession d'Ethis comme premier secrétaire échut à Griois, amené également, en 1761, par M. Lacoré. Par une exception qui constitue, dans l'histoire de l'Intendance de Besançon, un fait unique, Griois devait conserver ses fonctions même après le départ de l'Intendant qui l'y avait appelé : M. Caumartin de Saint-Ange, en effet, l'y maintint, et il y resta jusqu'à la Révolution. Peu de temps avant de les quitter, il écrivait au subdélégué de Vesoul avec quelque mélancolie : « C'est sûrement avec regret, mon cher amy, qu'en vous renouvellant les vœux que je forme pour votre bonheur je n'entrevois rien qui puisse les réaliser et qu'au contraire c'est le terme où nos relations vont devenir moins fréquentes. Je n'en conserveray pas moins le souvenir de ce qu'elles ont eu d'agréable et le désir de voir renaître des occasions de vous prouver le sincère et inviolable attachement avec lequel je seray toute ma vie votre serviteur et amy » (lettre du 30 décembre 1789) (b).

(b) Arch. Haute-Saone, C. l. 229.

A côté de Griois, « travaillaient en chef », dans les bureaux de l'Intendance, d'abord deux secrétaires, puis trois, et enfin un seul. Les deux secrétaires du début étaient Mousset et Blanchard. Mousset est encore une « créature » de M. de Lacoré, auprès de qui il paraît, d'ailleurs, avoir rempli les fonctions de secrétaire particulier; il devait quitter Besançon presque aussitôt après le départ de son « patron » (c). Blanchard, qui, par la suite, ajouta à son nom celui de De Villiers, était, au contraire, entré à l'Intendance avant l'arrivée de M. de Lacoré et y demeura après son départ (2).

(c) Almanach, années 1785 et 1786.

(1) Le 12 juin de cette année, il adresse aux subdélégués la lettre suivante : « Le Roy vient de m'accorder, indépendamment de la police des maréchaussées, l'exercice de ma charge de commissaire provincial des guerres. J'ai prié, en conséquence, M. de Lacoré de me permettre de quitter les détails de son administration. Ce magistrat a désiré que je ne les abandonnasse entièrement qu'à son retour en Franche-Comté ; je vous prie cependant de vouloir bien retrancher dèz à présent le titre de premier secrétaire de l'Intendance de la suscription des lettres que vous pourriés être dans le cas de m'écrire pour les différentes affaires concernant le service » (d). Il n'en devait pas moins conserver jusqu'au 1er février de l'année suivante « la franchisse de ses ports et papiers » (e).

(2) Je suis très sensible, écrivait-il le 23 août 1761 à Miroudot père, subdélégué de Vesoul, à la part que vous voulés bien prendre à ce qui me regarde ; ma situation dans les bureaux de l'Intendance n'a pas dérogé et je ne puis que me louer de toutes les politesses et amitiés de M. Focard. » (f)

(d) Ib., liasse 220.

(e) Ibideme, même liasse (lettre du 1er décembre 1772).

(f) Arch. Haute-Saône, C. l. 214.

En 1786, il est encore chef d'un des bureaux de l'Intendance et l'*Almanach historique de Besançon et de la Franche-Comté* lui donne même (à tort, toutefois, selon nous) le titre de premier secrétaire, comme à Griois et à Ethis « cadet » (a). Mais, dès le début de 1788, il a quitté l'Intendance pour exercer la même charge que l'aîné des frères Ethis, celle de commissaire provincial des guerres (b). Quant à Ethis cadet, que nous venons de nommer, il fut le troisième secrétaire en chef auquel il a été fait allusion plus haut; il avait d'abord été adjoint à son frère, puis était devenu, en 1771, subdélégué de Besançon; c'est sans perdre cette qualité qu'il fut, un peu plus tard, placé à la tête d'un bureau de l'Intendance. En 1789, il remplissait encore ces doubles fonctions (c).

(a) *Almanach*, année 1786.

(b) Arch. Haute-Saône, C, l. 229, lettre du 12 janvier 1789 et pièces annexes.

(c) Ib. lasses I, procès-verbal du 21 juin 1790, et 229, lettre du 29 décembre 1789.

A cette époque, l'Intendance de Franche-Comté ne comprenait plus que deux bureaux : celui de Griois et celui d'Ethis (1). Il y en avait eu, comme on vient de le voir, trois et même quatre auparavant (2). Il en était ainsi dès 1761, puisque, dans une lettre de Blanchard, datée du 23 août de cette année, il est question des bureaux de Focard, qui a succédé à Auda, d'Ethis aîné, qui remplace Copel, de Griois, qui « travaille à la partie contentieuse des impositions », et de Blanchard lui-même, dont la situation à l'Intendance « n'a pas dérogé ». Avant 1761, M. de Boynes a pour principaux collaborateurs, outre Auda et Blanchard, Portes, de 1754 à 1757, et Copel, de 1757 à 1761, Thiébault l'aîné, qui, dans une lettre du 23 octobre 1755, indique en ces termes le service dont il est chargé : « ... Je crois que vous n'ignorés pas l'arrangement des bureaux de l'Intendance et la place que j'ay l'honneur d'y occuper en chef dans la partie des affaires contentieuses de votre subdélégation et de beaucoup d'autres... », et, à un rang inférieur, Petitviénet, Béridey et Ranier. Sous M. de Beaumont, nous trouvons, aux côtés de David et de De Bourges, Marchand, Grangier l'aîné, Coste et déjà Thiébault l'aîné, qui avait même servi, avec son frère, M. de Sérilly (d).

(d) Ib. liasses 204-214, passim.

Pour la période qui va de 1761 à 1790, citons encore les noms de Petitviénet, qui succède en 1763 à Chiflet dans les

(1) C'est ce qui résulte des procès-verbaux de la commission nommée par l'administration des départements du Jura, du Doubs et de la Haute-Saône pour faire l'inventaire des papiers de l'Intendance. Griois et Ethis, qui prirent part à cette opération, « en remplacement de M. Caumartin de Saint-Ange », sont désignés dans les procès-verbaux drissés du 21 juin au 20 août 1790, comme « premiers secrétaires de l'Intendance » (Arch. Haute-Saône, c. 1).

(2) Il y en avait également quatre à Dijon, en 1788 (Godard, *op. cit.*, p. 33, note).

fonctions de « procureur général de la commission établie par le Roy pour les hôpitaux de la province », de Ranier, de Lanoix, de Jobert, de Hannier, de Maubouge, de Ferrand, de Dupoirier, placés sous les ordres de Focard, d'Ethis ou de Griois (a). Hannier mérite une mention spéciale : entré dans l'administration en 1763, il devait successivement servir l'ancienne Monarchie, la Révolution, le Consulat et l'Empire ; en 1801, il fut choisi par le préfet Jean de Bry comme secrétaire général, et il conserva ces fonctions « jusqu'à sa mort », survenue « peu de temps » avant 1814 (b).

(a) Arch. Haute-Saône, C, 1. 214-229, passim.

(b) Ib. 1. 216 ; — L. Pingaud, *Jean de Bry*, p. 180.

Nommons aussi Dupréval, qui fut secrétaire particulier de M. de Saint-Ange, sans être attaché à aucun bureau (c). Et terminons là une liste qu'il nous paraît peu utile de faire plus longue.

(c) *Almanach*, année 1785, p. 91.

Mais, outre ses *bureaux* proprement dits, l'Intendance eut longtemps, comme les subdélégations, un *greffe* particulier, où se déposaient, se conservaient et s'expédiaient les pièces ou les actes relatifs aux affaires contentieuses. Il en fut ainsi, tout au moins, jusqu'aux dernières années de l'administration de M. de la Neuville; le « greffe » de l'Intendance se confondit ensuite avec son « secrétariat ». Tant que le « greffe » exista, il y eut un « greffier », qui se distinguait des secrétaires ou commis de l'Intendance, bien que le nom de secrétaire lui fût aussi quelquefois donné. Ce « greffier » était, au temps de M. de la Neuville, Claude-Baptiste Le Beaux, qui assiste régulièrement l'Intendant dans tous les actes de procédure accomplis par celui-ci, qui signe avec lui les procès-verbaux et les prestations de serment, qui reçoit « entre ses mains » les pièces dont le dépôt est ordonné ou autorisé, qui les enregistre et délivre des expéditions. Il est le « greffier ordinaire de l'Intendance », qu'il faut remplacer en cas d'absence ou d'empêchement (1). Si c'est l'Intendant qui est absent ou empêché, ou s'il a cru devoir confier à un de ses auxiliaires, en tout ou en partie, l'instruction d'une affaire contentieuse, Le Beaux est encore, le plus souvent, appelé à prêter son concours au remplaçant de l'Intendant (2). Il sera, d'ailleurs, attaché, comme greffier, à la subdélégation de Besançon,

(1 et 2) Extrait d'un procès-verbal d'enquête du 22 avril 1728 «.... En nostre hostel à Besançon et par devant nous, Philippe Brun, avocat en Parlement, commissaire en cette partie, appelé avec nous pour greffier Adriain Demesmay de Besançon, praticien, commis au lieu et place et pour l'empeschement du S. Claude Baptiste Le Beaux, greffier ordinaire de l'Intendance, duquel Demesmay nous avons pris et reçu le serment en tel cas requis...»

lorsque le « greffe » de l'Intendance aura été supprimé, et, dans ces nouvelles fonctions, il continuera à faire partie de l'administration pendant près de vingt ans (a).

(a) Arch. Haute-Saône, C, liasses 1-20 ; Alm. Franche-Comté, années 1743 et suivantes.

Y eut-il aussi, à la fin du XVIIe siècle et au commencement du XVIIIe, un « procureur du Roi conseiller garde des anciennes minutes du Conseil et des Commissions extraordinaires » ? M. Godard dit bien que cette charge fut créée, en 1697, dans chaque province (b). Nous n'en avons pourtant trouvé aucune trace en Franche-Comté.

(b) Godard, *op. cit.*, p. 36.

Ce rapide coup d'œil jeté sur le personnel de l'Intendance permettra, croyons-nous, de se rendre mieux compte de la situation faite aux différentes catégories de subdélégués.

B. — Les Subdélégués généraux

I. En Franche-Comté, les subdélégués généraux ont été surtout nombreux à la fin du XVIIe siècle. Nous avons déjà cité le nom de Charles de Montcrif de Frenille, qui fut subdélégué général de M. de la Fond en 1690. L'année précédente, La Coudraye avait rempli les mêmes fonctions et fait, en cette qualité, l'intérim de l'Intendance du mois de février ou d'avril au mois de novembre (1). Pour l'année 1690, il y eut comme subdélégué général, outre De Montcrif, Pierre Sarragoz, qui remplaça l'Intendant, absent ou empêché, de mai à septembre. En 1691, 1692 et 1694, c'est Claude-Antoine Boudret qui exerce ces fonctions; mais, en 1694, il les partage avec Pasqueron de Fonmort (c).

(c) Arch. Haute-Saône, C, liasses 1-20 ; — Godard, *op. cit.*, p. 524.

Tous ont été réellement subdélégués généraux, puisque, *ratione materiæ*, ils avaient, sinon toutes les attributions de l'Intendance, du moins tous ses pouvoirs dans celles qui leur avaient été confiées, et que, *ratione loci*, leur compétence s'étendait à toute la province. Et pourtant, aucun

(1) C'est de lui que M. Godard (*op. cit.*, p. 19 et note 3) écrit : « La Coudraye, qui faisait l'intérim de De la Fond en Franche-Comté depuis le 1er avril 1689, réclama ses appointements le 16 octobre de la même année. M. de Louvois lui avait mandé que l'intention du Roi était qu'il fût payé sur le même pied que l'Intendant... Ce La Coudraye fut dénoncé pour avoir pris en 7 mois plus de 20.000 livres et avoir commis une infinité de *vilanies* ». En ce qui concerne l'époque à laquelle commença l'intérim fait par La Coudraye, M. Godard n'est pas tout à fait d'accord avec lui-même, puisqu'à la page 524 de son ouvrage il indique, au lieu du 1er avril 1689, le mois de février précédent.

d'entre eux n'a porté ce titre : les uns se qualifient simplement de « subdélégué de M. de la Fond, Intendant », comme Sarragoz et Boudret; les autres, comme De Montcrif, se bornent même à faire suivre leur nom et leurs qualités de la formule « pour l'absence de M. de la Fond, Intendant du Comté de Bourgogne » (a).

(a) Arch. Haute-Saône, ibidem.

Ce n'est que peu à peu que le titre de « subdélégué général » s'introduira dans la langue administrative du XVIIIe siècle, et il ne deviendra courant qu'à partir de 1730. Voyez, en effet, ce qui se passe encore sous M. de la Neuville.

Il y eut alors trois subdélégués généraux : Pierre-Ignace Gillebert et les deux Houllier. De 1718 à 1722, Gillebert et Houllier le père firent alternativement l'intérim de l'Intendance ; de 1723 à 1729, Houllier le père en fut seul chargé; puis, c'est Gillebert qui, pendant deux ou trois ans, est seul à remplir ces fonctions; à partir de 1733, il les partage avec Houllier le fils, sans toutefois les exercer en même temps que lui : car, en Franche-Comté comme partout ailleurs, il n'y eut jamais au même moment qu'un seul subdélégué général. Or, jusqu'en 1730, Gillebert ne s'intitule le plus souvent que « subdélégué de M. de la Neuville », et Houllier le père « subdélégué de l'Intendant du Comté de Bourgogne pour l'absence de M. de la Neuville, Intendant audit pays » ou, plus simplement, « subdélégué de l'Intendance pour l'absence de M. l'Intendant »; le titre de « subdélégué général » est rare sous la plume de Houllier le père, il est tout à fait exceptionnel sous celle de Gillebert. Au contraire, dans le courant des années 1730 et 1731, Gillebert prend ou reçoit couramment ce titre; et si, à partir de 1732, il s'en sert moins souvent, c'est qu'il peut en porter un autre: celui de « subdélégué au (ou *du*) bailliage de Besançon ». Quant à Houllier le fils, il se donne en toute circonstance la qualité de « subdélégué général de l'Intendance du Comté de Bourgogne pour l'absence de M. de la Neuville, Intendant audit pays » (b).

(b) Arch. Haute-Saône, ibidem.

C'est également la qualité de « subdélégué général » que prennent exclusivement, de 1736 à 1743, Odé Le Boucher et, de 1747 à 1749, Malus. Ce dernier écrivait, d'ailleurs, à la date du 26 avril 1747 : « M. de Sérilly, après avoir passé vingt-quatre heures icy [à Besançon], en partit hier au matin pour se rendre en Provence. Il m'a laissé une commission de la Cour pour exercer la subdélégation générale en son absence » (c).

(c) Arch. Haute-Saône, C. L. 204.

Malus fut le dernier subdélégué général de l'Intendance de Franche-Comté. Non pas que les Intendants se soient, pendant la seconde moitié du XVIIIe siècle, moins souvent absentés de Besançon ou de la province ; bien au contraire: outre les tournées et voyages qu'ils font de plus en plus fréquemment dans le pays, ils prennent, à peu près chaque année, un ou même plusieurs congés, parfois d'assez longue durée, pour se rendre soit à Paris ou à Versailles, soit dans leurs propriétés ou chez des amis, soit aux « eaux » ou à la « mer ». Le 17 décembre 1745, M. de Sérilly écrit à ses subdélégués : « Mes affaires particulières m'appellent indispensablement à Paris; j'ay obtenu permission de m'y rendre, et je compte d'y passer une partie de l'hiver ». L'absence de M. de Sérilly dura cinq mois : il ne rentra, en effet, à Besançon que dans la seconde quinzaine du mois de mai 1746. L'année suivante, le 1er mars 1747, il écrit encore : « Quelques affaires personnelles m'appelant indispensablement à Paris [on voit que les formules sont peu variées], je vais profiter du congé qui m'a été accordé pour m'y rendre; j'y séjournerait le moins qu'il me sera possible.» Son séjour y fut, en effet, assez court; mais il en rapporta pour Malus une commission de subdélégué général, et il put ainsi repartir immédiatement pour la Provence. Cette fois, il resta absent plus de deux ans. Il devait de nouveau s'absenter au commencement de 1750; et il n'était pas encore de retour, lorsqu'au mois d'août de la même année, il fut appelé à l'Intendance d'Alsace (a).

(a) Ibidem et L. 206.

Le successeur de M. de Sérilly, M. de Beaumont, tarda plusieurs mois à venir prendre possession de son poste. En revanche, il ne paraît pas avoir quitté la province en 1751. Mais, en 1752 et 1753, il se rend à Paris à la fin du mois de janvier ou dans le courant du mois suivant et reste absent jusqu'en mai : « Je me propose, écrit-il à la date du 16 février 1753, de partir dans les premiers jours de la semaine prochaine pour me rendre à Paris, où je compte faire un séjour de deux mois; je serai de retour au commencement de mai et quelques jours avant l'assemblée des milices ». En 1754, il s'absente deux fois: d'abord, comme les années précédentes, de février à mai; puis, du mois de juillet au mois d'août (b).

(b) Ib., L. 206-208.

Les absences de MM. de Boynes, de Lacoré et de Saint-Ange ne furent pas moins fréquentes. Ils obtinrent tous les congés qu'ils demandèrent et ils furent, en outre, à plusieurs reprises, mandés d'office à Versailles ou à Paris, comme en fait foi la lettre suivante de M. de Saint-Ange : « J'ai reçu les ordres du Ministre pour me rendre sur le champ à Versailles où ma présence était nécessaire pour donner des éclaircissemens relatifs à l'administration... » (c)

(c) Ib., L. 220 (lettre du 5 sept. 1789).

La situation était, d'ailleurs, la même dans toute la France. Dans son mémoire sur l'établissement des Administrations provinciales, Turgot, qui s'y connaissait pour avoir passé lui-même par l'Intendance avant de faire partie du Gouvernement, écrit, au sujet des Intendants : « Présumant toujours, et peut-être avec raison, qu'on avance encore plus par l'effet de l'intrigue ou des affections que par le travail et l'étude, ces commissaires sont impatients de venir à Paris et laissent à leurs secrétaires ou à leurs subdélégués le soin de les remplacer dans leur devoir public ». Raymond, dans son *Inventaire des Archives des Basses-Pyrénées,* dit qu'au XVIIIe siècle nombre de dépêches sont adressées par le Ministre à « M. l'Intendant de Bayonne à Paris » et que les réponses partaient de Paris pour Versailles (a). Il y avait, il est vrai, dans cette province, un subdélégué général, Colchen, qui devint plus tard préfet. De même, l'Intendant de Rennes avait, en 1788, un subdélégué général. Il est également question, dans la correspondance des Intendants de Franche-Comté, de plusieurs subdélégués généraux : de Papillon, qui exerçait ces fonctions, en 1750, dans l'Intendance de Champagne, — de Dubus, qui les remplissait, en 1753, à Dijon, en l'absence de M. Joly de Fleury, — du subdélégué général qui se trouvait, en 1777, auprès de M. de Blois, Intendant d'Alsace. Pourtant, il semble bien que le nombre des subdélégués généraux ait été moins grand à la fin du XVIIIe siècle que 50 ou 100 ans plus tôt : c'est aux premiers secrétaires de l'Intendance qu'incombait surtout « le soin de remplacer les Intendants dans leur devoir public » ; et l'on doit convenir qu'ils s'en acquittèrent le plus souvent à la satisfaction générale (b). (1).

(a) Cf. L. Meilhac, op. cit., p. 2 (Arch. Ardennes, c. 338 et 406' et Marne, c. 2055 ; lettres datées de Paris, 28 avril 1786, 3 janvier 1787, 25 décembre 1783, 31 mars 1767).

(b) Godard, *op. cit.*, p. 31, note 3 ; Gasquet, *op. cit.*, p. 161 ; — Arch. Hte-Saône, C, liasses 206, 207 et 224.

II. Au point de vue des origines ou, si l'on aime mieux, de la situation qu'ils occupaient avant d'exercer ces fonctions et qu'ils conservèrent ordinairement après les avoir exercées ou même en les exerçant, les subdélégués généraux de Franche-Comté peuvent se diviser en trois catégories : les officiers royaux pourvus de charges indépendantes, les « avocats en Parlement » attachés à l'Intendance et les premiers secrétaires de l'Intendant.

Au premier groupe appartiennent : Charles de Montcrif et Pasqueron de Fonmort, qui étaient « commissaires ordonnateurs des guerres » à Besançon ; Pierre Sarragoz, qui n'était qu'avocat en 1688 et 1689, qui, au mois de mars

(1) Voir ce que nous avons déjà dit à ce sujet, *Introduction*, p. 24.

1690, faisait encore des rapports comme « commissaire député par l'Intendant » et qui, quelques mois après, supplée M. de la Fond, en s'intitulant « conseiller et avocat du Roy au bailliage de Besançon, subdélégué de M. de la Fond, intendant » ; Gillebert, qui, après avoir été simple avocat au Parlement, devint président au présidial de la même ville : dès 1720, Houllier le père ne l'appelle que «M. le Président Gillebert », et lui-même, en 1731, s'intitule « président honoraire », qualité à laquelle il ajoute celle de « distributeur en l'Université ». C'est encore dans cette catégorie que paraît devoir être rangé La Coudraye, sur la situation de qui nous sommes incomplètement renseignés (a).

(a) Arch. Haute-Saône, C, liasses 1-20, *passim*.

Les « avocats en Parlement », dont se compose le deuxième groupe, sont ces « commissaires rapporteurs » à qui l'Intendant confiait le plus souvent, à la fin du XVIIe siècle et au commencement du XVIIIe, l'examen, l'instruction et le « rapport » des affaires contentieuses. De ces « commissaires », qui étaient de véritables « subdélégués », bien qu'ils n'en portassent pas habituellement le titre, les uns, résidant hors du siège de l'Intendance, n'eurent jamais que des pouvoirs restreints, au double point de vue de la « matière » et du « lieu » : un certain nombre d'entre eux devinrent, lorsque l'intitution s'en fut généralisée, subdélégués locaux ; les autres, établis au chef-lieu, se virent, au contraire, le cas échéant, confier par l'Intendant la plus grande partie ou même la totalité de ses attributions : ils remplirent ainsi, à défaut de titulaire régulièrement nommé, les fonctions de subdélégué général. Mais ils n'en prenaient pas le titre et se qualifiaient simplement, comme nous l'avons vu, de « subdélégué de l'Intendant ». Tel est le cas de Boudret, « docteur ès droits, avocat en Parlement », qui, en 1691, devient le « subdélégué de M. de la Fond »; auparavant, il n'était que « commissaire rapporteur » à l'Intendance ; il le fut de nouveau par la suite, avec le titre de « subdélégué ». Houllier le fils appartient évidemment au même groupe : nous le voyons, en effet, de 1729 à 1731, et peut-être pourrait-on le voir plus tard encore, remplir à l'Intendance les fonctions de « commissaire » ou de « rapporteur » dans les affaires contentieuses ; Houllier ne diffère guère de Sarragoz et de Boudret qui par le titre de « subdélégué général », qu'il se donne, lorsqu'il remplace ou supplée l'Intendant (b).

(b) Ibidem.

A-t-il fait également partie du troisième groupe ? C'est possible, et même probable ; mais rien ne nous permet de l'affirmer. A ce groupe se rattachent, au contraire, incontestablement Houllier le père, Odé Le Boucher et Malus, dont nous avons, plus haut, assez longuement parlé pour qu'il ne soit pas nécessaire de nous étendre sur le groupe formé par les premiers secrétaires. Faisons seulement une remarque qui concerne ceux-ci : un premier secrétaire acceptait volontiers les fonctions de subdélégué général, mais il n'eût pas aussi facilement consenti à remplir celles de subdélégué particulier (1).

Ethis cadet accepta bien, quelques années plus tard, la subdélégation de Besançon ; mais il n'était alors qu'un simple commis attaché au bureau de son frère; et puis, il n'avait pas à changer de résidence : il pouvait *remplir ses nouvelles fonctions sans s'éloigner de M. de Lacoré*; il n'était même pas obligé d'abandonner les anciennes : il resta, d'ailleurs, secrétaire, en second, puis en permier, de l'Intendance jusqu'à la Révolution. Deux autres secrétaires ou commis de l'Intendance devinrent, comme lui, subdélégués locaux : Thiébaud, qui était en 1759 subdélégué de Baume, et Miroudot fils, qui le fut successivement de Dôle et de Vesoul; mais qu'on remarque bien que ni l'un ni l'autre ne « travaillèrent » jamais « en chef » à l'Intendance.

III. Tous les subdélégués généraux dont nous avons parlé, ont été appelés à ces fonctions soit par l'Intendant lui-même, soit, sur la proposition de celui-ci, par la Cour.

On sait que ce dernier mode de nomination était le seul qui fût conforme à l'intention du Ministre. Mais, à la fin du XVIIe siècle, il s'était, à cet égard, produit ce qui arrive presque toujours lorsqu'après avor été très fort le Gouvernement s'affaiblit tout à coup : les prescriptions ministérielles furent de plus en plus négligées. Il y a lieu, toutefois, de présumer que les Intendants voulurent au moins sauver les apparences ; et c'est, très vraisemblablement, pour cette raison que beaucoup de subdélégués généraux qui n'avaient pas été nommés par la Cour, ne portèrent que le titre de subdélégué de tel ou tel Intendant.

(1) On peut en juger par la lettre suivante, qu'Ethis aîné écrivait, le 20 avril 1762, c'est-à-dire à une date où il n'était même pas encore, à proprement parler, premier secrétaire : « Je reçois en ce moment la lettre par laquelle vous me complimentés sur mon avancement à la subdélégation de Luxeuil. Je ne le suis point, ne le seray point, ni ay eu, ni auray l'envie de l'être... De bonne foy, a-t-on pû imaginer que moy qui n'ait *(sic)* quitté mon état (il était, on s'en souvient, commissaire provincial des guerres) que par attachement pour M. l'Intendant et dans l'espérance de vivre auprès de luy, j'irais me faire subdélégué dans une province qui n'est pas la mienne, m'enterrer à Luxeuil, et à mon âge me borner à une subdélégation, qui pis est renoncer et abandonner M. de la Coré ? Ma foy, voilà une bonne histoire à laquelle je ne m'attendais guère... » (a)

(a) Arch. Haute-Saône, C. liasse 225.

Nous croyons que Sarragoz, Boudret, Gillebert et même les deux Houllier, bien que quelques-uns d'entre eux aient pris, plus ou moins régulièrement d'ailleurs, la qualité de subdélégué général, furent simplement nommés par l'Intendant. Peut-être en fut-il de même de La Coudraye, de Charles de Montcrif, de Pasqueron de Fonmort et d'Odé Le Boucher; mais c'est peu probable, du moins pour les premiers. Quant à Malus, nous savons d'une manière certaine qu'il fut pourvu d'une commission de la Cour, que lui rapporta M. de Sérilly.

Sous quelle forme était faite la nomination? Lorsqu'elle émanait de la Cour, il y avait, comme nous venons de le dire, une « commission » signée du Roi et analogue à celles des Intendants. Lorsqu'elle provenait de l'Intendant, la « subdélégation » était tantôt écrite, tantôt simplement verbale; dans le premier cas, c'est sous forme d' « ordonnance » que l'Intendant la donnait ordinairement. Ainsi encore, de nos jours, le Préfet « délègue » le secrétaire général ou les conseillers de préfecture par décision verbale ou écrite, et il a, dans ce dernier cas, recours le plus souvent à la forme réglementaire de l' « arrêté ».

Quelles qu'en fussent la source et la forme, la nomination n'était jamais ni notifiée ni publiée régulièrement. Lorsqu'une commission de la Cour lui est remise, en 1747, pour exercer la subdélégation générale « en l'absence de M. de Sérilly, Malus se borne à en faire part, de la manière qu'on a vue, aux subdélégués locaux. Encore un avis de ce genre peut-il être considéré comme une exception. C'est pourquoi les traces de « subdélégation générale » sont si rares dans les archives départementales.

C. — Les Subdélégués spéciaux

I. C'est à la fin du XVIIe siècle que les subdélégués spéciaux ont été, comme les subdélégués généraux, particulièrement nombreux. L'Edit de 1704 devait en diminuer le nombre dans une large mesure: car la plupart d'entre eux devinrent alors subdélégués locaux. Mais il en subsiste jusqu'aux dernières années de l'ancien régime : il y eut

(1) Garet, dans son « Style du Roi », donne un modèle de « subdélégation générale ».

toujours, en effet, des cas où l'Intendant crut devoir confier à d'autres personnes que les subdélégués locaux certaines missions spéciales et temporaires.

C'est à cette catégorie de subdélégués qu'appartiennent les « commissaires rapporteurs » dont il a été déjà plusieurs fois question. C'étaient, on s'en souvient, des « avocats en Parlement », résidant au siège de l'Intendance ou dans le reste de la province, que l'Intendant chargeait, d'une manière presque quotidienne à une certaine époque, d'examiner des pièces, de procéder à une enquête, à une visite des lieux ou à toute autre mesure d'instruction, de chercher à concilier les parties et de faire un rapport sur l'affaire. Que ces « commissaires » aient été de véritables « subdélégués », au sens propre du mot, on ne saurait le contester; ils n'en ont pourtant que tout à fait exceptionnellement porté le titre ou pris la qualité. En général, d'ailleurs, l'Intendant ne les « subdélègue » pas : il les « commet » simplement, ou bien il les « commet et députe » (1). Aussi se qualifient-ils soit de « commis » ou « commissaires cette part », « en cette partie » ou « à ces fins », soit de « commissaires députés » ou « délégués », soit, plus brièvement, de « commis » ou de « députés »; par exception, Salivet, avocat à Vesoul, s'intitule « commis subdélégué » dans un avis du 27 août 1694, et il est question, dans une ordonnance du 27 juin 1721 relative à la communauté de Membrey, d'une décision rendue par « l'avocat Renaud se disant subdélégué à Gray » (a).

(a) Arch. Haute-Saône, C, L. 1-20, passim.

Du reste, ni le titre ni la qualité de subdélégué n'ont ordinairement été pris par les agents, quels qu'ils fussent, qui recevaient de l'Intendant, même par jugement ou ordonnance, des missions spéciales et temporaires. Ils se considéraient et étaient considérés plutôt comme de simples « commissaires », quoiqu'ils fussent véritablement des « subdélégués », lorsque l'Intendant leur avait transmis une partie quelconque des pouvoirs dont il était lui-même revêtu. C'est ce qu'il faut bien comprendre pour l'intelligence de ce qu'était alors l'administration; et c'est ce qu'éclaire encore cette remarque de M. d'Avenel, que le terme de « subdélégué » était depuis longtemps usité dans

(1) Nous trouvons aussi la formule « commettons et prions de... » (ord. du 7 juillet 1727). La formule « avons commis et subdélégué », employée dans une ordonnance du 14 mai 1721, constitue une exception dont les exemples sont extrêmement rares, du moins en Franche-Comté. — Voir *apud* Garet, op. cit., deux modèles de « subdélégations spéciales ».

les bureaux des finances pour désigner tel de leurs membres qui avait été chargé d'une fonction temporaire (a).

II. C'est surtout à des « *avocats en Parlement* » qu'ont été confiées les « subdélégations spéciales », même lorsqu'il s'agissait d'affaires non contentieuses. Ces avocats ont été pris tantôt au chef-lieu de la province et tantôt au dehors.

Parmi ceux de Besançon, nous devons citer Pierre Sarragoz, Claude-Antoine Boudret, Pierre-Ignace Gillebert et Henry-François Houllier ou Houllier le fils, qui furent subdélégués spéciaux avant de devenir subdélégués généraux. A ces noms s'ajoutent ceux de Philippe et de Claude Brun, le père et le fils, qui paraissent dans différents actes de 1724 à 1731 et dont l'un succéda à Gillebert comme subdélégué de Besançon, — celui de De la Grée, qui, de 1723 à 1733, est chargé de diverses missions par M. de la Neuville, — celui de Coste l'aîné, qui, déjà employé à l'Intendance en 1731, y sert encore en 1743, mais qui ne doit pas, selon nous, être confondu avec Coste de Raonvelle. subdélégué de Montbéliard en 1735 (b).

A Vesoul, l'Intendant s'adresse presque exclusivement, de 1685 à 1688, à Claude-François de Mongenet et, de 1689 à 1694, à Jean-François Salivet, qui allait devenir subdélégué de cette ville. A Gray, les avocats choisis de préférence par l'Intendant sont, d'abord, Simon-Pierre Balahu, puis, d'Ancier, à la fin du XVIIe siècle, et Renaud, dans le premier tiers du siècle suivant. Deux autres noms méritent d'être cités pour le bailliage d'Amont : celui de Jean-François-Antoine Duban, qui était, en outre, bailli de Gy, sous M. de la Neuville, et Sircbon, qui fut juge d'Héricourt, sous MM. de Vanolles, de Sérilly et de Beaumont (c)

Parmi les autres avocats que nous avons nommés il en est quelques-uns qui ont également rempli des fonctions judiciaires: tel Sarragoz, qui fut conseiller et avocat du Roi au bailliage de Besançon, et tel Gillebert, qui devint président au présidial de cette ville. D'autres eurent à exercer des charges municipales : Balahu fut maire de Gray pendant la période triennale de 1784 à 1786; de même, Salivet était « vicomte mayeur » de Vesoul en 1689; c'est encore cette fonction que remplissait à Gray, en 1718-1719, Jean-Simon Regnaud, « avocat en Parlement », qui se confond, croyons-nous, avec l' « avocat Renaud » (d)

Après les « avocats en Parlement », viennent les *officiers royaux*, au nombre desquels se placent, d'ailleurs, comme on a pu le voir, plusieurs de ces avocats. D'autres

(a) D'Avenel, *L'Administration de Richelieu*, t. IV, 209.

(b) Arch. Haute-Saône, C, L. 1-20, passim.

(c) Ibidem.

(d) Ibidem.

noms méritent une mention : c'est Bauffey, bailli de Marnay, Vatin, bailli de Jonvelle, Maire, bailli de Vauvillers, Bourguignet, bailli de Luxeuil; ce sont Colin et Chappuis, juges ou baillis d'Héricourt; c'est Levain, bailli de Lure, et Devault, qui, à cette qualité, ajoute celle de gouverneur de la même ville et qui y fut par la suite subdélégué local; c'est Antoine-Auguste Légier, d'abord « conseiller du Roy, avocat en Parlement, prévost chatelain de la prévosté et chatellenie roialle de Jussey», puis «ancien prévost et lieutenant général de la police en la prévosté ». MM. de la Neuville et de Vanolles s'adressent encore à Briffaut, juge de Calmoutier, à Cassin, juge de Cemboing, à Coste, juge de Neuvelle-les-la-Charité à Regnaudin, juge de Noidans-le-Feroux. Voilà, pour les bailliages de Vesoul et de Gray, un certain nombre de noms, auxquels il serait facile d'en ajouter beaucoups d'autres, notamment ceux de Claude Lyautey, juge de Noidans-les-Vesoul, et de Perrinot, avocat du Roi au bailliage de Gray, qui furent plus d'une fois « commis » par M. de la Fond (a) (1).

(a) Ibidem.

Lorsqu'il s'agit d'affaires contentieuses, l'Intendant ne désigne pas toujours nommément la personne qu'il « commet » : c'est « le juge des lieux ou le plus voisin non suspect », suivant la formule qui fut employée, de M. de la Fond à M. de Vanolles et même au delà. Si le « juge des lieux » est empêché ou s'il est lui-même « suspect », c'est à un juge voisin, qui ne sera ni l'un ni l'autre, qu'incombera la mission confiée, en première ligne, au juge local: ainsi, le 22 novembre 1724, un procès-verbal d'enquête est dressé par « Jean Corniset de Vesoul, demeurant à Jussey, juge et comme le plus ancien praticien de la prévosté et chatellenie royale dudit Jussey, pour l'absence du sieur prévost »; de même, le 10 février 1729, il est procédé à la comparution des parties et à l'audition des témoins devant « Jean-Claude Thomassin, commis principal et greffier au Parlement de Besançon, en qualité de juge de Sorans-les-Cordées, plus prochain juge non suspect de Montbozon, à raison des infirmités et haut âge du sieur Claude Pegaud, juge et prévost dudit Montobozon » (b).

(b) Ibidem.

Un troisième groupe de subdélégués spéciaux est formé par les *fonctionnaires* qui pouvaient, en raison de leur com-

(1) M. de la Fond eut aussi recours, en plusieurs circonstances, au lieutenant particulier de Poligny et à Compagny, avocat du Roi au baillage de Pontarlier (ordonnances des 21 juin 1692 et 13 mai 1694). — Les « notaires royaux » furent également chargés, dans différentes circonstances, de procéder aux adjudications ou de présider les expertises (ordonnances des 15 décembre 1792, 3 avril et 23 décembre 1694).

pétence particulière, être appelés à remplir une mission exigeant cette compétence. C'est le cas du professeur Marquis (ordonnances des 11 mai 1724 et 27 janvier 1727), de Jean-François de l'Egouthail, « chevalier de l'Ordre militaire de Saint-Louis, ingénieur pour le Roy et directeur des ponts et chaussées de Franche-Comté » (ordonnances des 6 août 1727, 8 octobre 1728, 6 février et 5 août 1741), du commissaire des guerres De Villiers le père (ordonnance du 21 avril 1736), de Pierre-Joseph Accarier, « entrepreneur (ou adjudicataire de la fourniture) des lits militaires du Comté de Bourgogne » (ordonnance du 11 mars 1770) (a).

(b) Ibidem, et L. 270.

III. Il va sans dire que tous ces subdélégués étaient librement choisis par l'Intendant, qui n'avait à en référer au Ministre ni en vue d'une autorisation préalable, ni pour un agrément ultérieur. Mais l'Intendant étant responsable de tout ce qui se faisait en son nom, pouvait être appelé à « répondre » devant le Ministre des actes de ses subordonnés : le Ministre, qui n'avait pas pris part à la nomination de ceux-ci et qui les ignorait le plus souvent en fait, ne devait officiellement connaître que l'Intendant; il pouvait, toutefois, à l'occasion, inviter le commissaire départi à surveiller, réprimander ou même révoquer ses subdélégués.

Les subdélégués spéciaux tenaient leurs pouvoirs de la « commission » que leur avait donnée l'Intendant. Cette « commission » était-elle écrite ou verbale ? Nous croyons pouvoir dire qu'elle fut presque toujours écrite. Mais quelle forme revêtait-elle ? Le plus souvent(et, au début du moins, c'était une règle qui souffrit peu d'exceptions), l'Intendant rendait une ordonnance « en forme », c'est-à-dire avec visas, motifs et dispositif. Parfois (il en était ainsi notamment pour les missions qui n'avaient pas un caractère judiciaire), l'Intendant se bornait à écrire, en marge ou au bas des requêtes, quelques mots qu'il datait et signait : c'est ainsi qu'Accarier agissait « en vertu de la commission du 11 mars 1770 de Mgr de la Corée, Intendant de la Province, mise en marge d'un acte sous seing privé des sieurs Charmet et Bernier » et le nommant « pour régler définitivement leurs intérêts respectifs et arrêter leur compte relatif à l'entreprise qu'ils ont en commun de la fourniture des lits militaires des casernes et pavillon du corps royal d'artillerie au quartier d'Arène de la ville de Besançon » (b). Pour les affaires purement administratives, une lettre missive, que lui avait envoyée l'Intendant, pouvait servir de « commission » au subdélégué spécial.

(b) Arch. Haute-Saône, C, L. 270.

D. — Les Subdélégués locaux

I. Ce n'est guère, on l'a vu, qu'à partir de 1704 qu'il y eut en Franche-Comté des subdélégués locaux, qui sont les subdélégués proprement dits.

La province fut alors divisée en un certain nombre de circonscriptions, appelées « départements » ou « subdélégations », à la tête desquelles était placé un subdélégué local (1). Le nombre de ces circonscriptions a plusieurs fois varié; mais il n'a jamais été très élevé: dans la seconde moitié du XVIIIe siècle, on a compté, au plus, en Franche-Comté, de 15 à 17 subdélégations, tandis qu'il y en avait une soixantaine en Bretagne (a).

(a) Godard, *op. cit.*, p. 31, note 3.

L'*Almanach historique de Franche-Comté* pour l'année 1743 donne la liste suivante des subdélégations : Besançon, Dôle, Vesoul, Gray, Lons-le-Saumier, Baume, Salins, Arbois, Poligny, Pontarlier, Ornans, Quingey, Orgelet et Saint-Claude. Mais cette liste est incomplète: car un grand nombre de documents établissent qu'il y avait aussi des subdélégués à Lure et à Jussey. Les deux subdélégations de Jussey et de Lure furent réunies en 1758, et le chef-lieu transféré à Luxeuil. La nouvelle subdélégation devait, à son tour, être rattachée, en 1765, à celle de Vesoul. D'autre part, avant 1759, il existait déjà une subdélégation à Saint-Amour. Mais, moins de 5 ans plus tard, celles de Salins et de Quingey étaient réunies. De sorte que la Franche-Comté, qui avait renfermé 17 subdélégations en 1743, n'en comptait plus, en 1766, que 14. Ce nombre devait même, avant 1783, être réduit à 12, par suite de la réunion des subdélégations d'Arbois et d'Orgelet à celles de Poligny et de Lons-le-Saunier. Aucun changement ne se fit plus jusqu'en 1790. Ainsi, au moment où elle allait être, comme les autres provinces, l'objet, au point de vue territorial, d'une division nouvelle, la Franche-Comté comprenait les 12 subdélégations suivantes : Besançon, Dôle, Vesoul, Gray, Lons-le-Saunier et Orgelet, Baume, Salins et Quingey, Arbois et Poligny, Pontarlier, Ornans, Saint-Claude et Saint-Amour.

(b) *Almanach*, années 1743-1790 ; — Arch. Haute-Saône, c. 204-229, passim.

Avant 1743, y eut-il d'autres subdélégations que celles qui viennent d'être indiquées? Il est souvent question, sous MM. de la Neuville et de Vanolles, de la subdélégation de Luxeuil; mais c'est incontestablement la même que celle

(1) Nous avons trouvé une fois l'expression tout à fait exceptionnelle d'« arrondissement de subdélégation ». — Voir, en outre, p. et note.

(a) Arch. Haute-Saône, C. 1-20, passim.

(b) Ibidem, C. 209.

(c) *Almanach*, année 1743 ; — Arch. Hte-Saône, C. 1-20, Héricourt.

de Lure; le chef-lieu seul en était différent (a). M. de Beaumont parle aussi, dans une lettre du 25 mai 1755, de la subdélégation d'Héricourt; mais le contexte montre suffisamment qu'il s'agit encore de celle de Lure (b). Par contre, il n'est pas douteux qu'il y avait, en 1735, une subdélégation à Montbéliard (1); mais elle n'existait plus en (c). 1743

Ces divisions administratives correspondaient, en principe, aux circonscriptions judiciaires de la province, aux *bailliages royaux*. Mais la correspondance ne fut pas toujours parfaite : s'il n'y eut jamais qu'une seule subdélégation pour chacun des bailliages de Besançon, Dôle, Gray, Baume, Pontarlier et Ornans, celui de Vesoul, au contraire, en comprit, suivant les époques, trois, deux ou un; de même, le bailliage d'Orgelet, avant d'être réuni, pour former une seule subdélégation, à celui de Lons-le-Saunier, avait été démembré, au point de vue administratif, par la création de la subdélégation de Saint-Amour. D'un autre côté, comme nous venons de le voir, certaines subdélégations réunirent parfos plusieurs bailliages : ceux de Lons-le-Saunier et d'Orgelet, de Quingey et de Salins, de Poligny et d'Arbois.

C'est l'Intendant qui, à son gré, créait ou supprimait les subdélégations et en désignait ou en changeait le chef-lieu. C'est, en particulier, ce qui s'est passé pour le bailliage de Vesoul : à l'origine, il y a trois subdélégations, celles de Vesoul, de Jussey et de Luxeuil; plus tard, le siège de la troisième est transféré à Lure; puis, les subdélégations de Jussey et de Lure sont réunies pour former la nouvelle subdélégation de Luxeuil; enfin, cette dernière subdélégation est, à son tour, réunie à celle de Vesoul. Autres exemples: M. de Vanolles supprime la subdélégation de Montbéliard; M. de Boynes crée celle de Saint-Amour.

(d) Arch. Haute-Saône, C. 209.

L'Intendant a les mêmes pouvoirs pour délimiter les subdélégations qui font partie du même bailliage; c'est lui qui statuera, en 1755, sur le point de savoir si le village d'Onans sera détaché de la subdélégation de Vesoul pour être incorporé à « celle d'Héricourt ou de Lure » (d). Mais si la délimitation intéresse plusieurs bailliages, c'est au Roi qu'il appartiendra de prendre une décision; il ne le fera, toutefois, que sur le rapport de l'Intendant, qui aura lui-même, au préalable, recueilli l'avis des subdélégués intéressés. Telle fut la procédure suivie, lorsqu'il s'agit, en

(1) Le subdélégué de Montbéliard était, à cette date, Coste de Raouvelle.

1757, de rattacher à la subdélégation de Besançon les 42 communautés ou villages qui composaient la prévôté de Cromary ou de Châtillon et qui dépendaient du bailliage de Vesoul (a).

Par suite des changements qui ont pu ainsi y être apportés, l'étendue des subdélégations de Franche-Comté a souvent varié au cours du XVIIIe siècle. Mais c'est plus encore d'une subdélégation à l'autre que cette étendue était variable. L'*Almanach historique de Franche-Comté* pour 1743 renferme, à ce sujet, les indications suivantes: « Il y a quatre Bailliages principaux [en Franche-Comté], qui sont ceux d'Amont, d'Aval, de Dôle et de Besançon... Le Bailliage d'*Amont* comprend le Bailliage de *Vesoul* (subdélégations de Vesoul, Jussey et Lure), qui a près de 530 villages ou hameaux, celui de *Gray*, qui en a environ 200, et celui de *Baume*, qui en a près de 250. Le Bailliage d'*Aval* comprend celui de *Lons-le-Saunier*, qui a environ 140 villages, celui de *Salins*, qui en a près de 130, celui de *Poligny*, qui en a environ 110, celui d'*Arbois*, qui en a 28, celui de *Pontarlier*, qui en a 90, celui d'*Orgelet*, qui en a près de 200, et celui de *St-Claude*, qui en a environ 100. Le Bailliage de *Dôle* (ou du Milieu) comprend les Bailliages de *Dôle*, qui a près de 190 villages, d'*Ornans*, qui en a près de 90, et de *Quingey*, qui en a 40. Le Bailliage de *Besançon* comprend seulement celui de *Besançon*, qui a plus de 100 villages outre la Ville ». D'après le même *Almanach* pour 1785, c'est sur près de 600 villages que se serait alors étendu le bailliage-présidial de Vesoul. Ce chiffre et même celui de 530 sont certainement trop élevés; M. Henri de Beauséjour est plus près de la vérité, lorsqu'il dit : « Les communautés qualifiées de villes, bourgs et villages, ressortissant au tribunal baillival vésulien, étaient au nombre de 430 » (b); le chiffre exact est donné par Miroudot fils, subdélégué de Vesoul, dans un « état » dressé en 1779 et « servant à constater les récoltes et la quantité de bestiaux dans son département : « La subdélégation de Vesoul, y lit-on, limitrophe des provinces de Champagne, Lorraine, Alsace, du pays de Montbéliard et du surplus de la province, est composée de 6 villes et de 429 bourgs et villages formant corps de communauté » (c). A cette époque, la subdélégation de Vesoul était de beaucoup la plus étendue; et il devait en être ainsi jusqu'à la Révolution, malgré la réunion des subdélégations de Poligny et d'Arbois, de Lons-le-Saunier et d'Orgelet.

II. Chercherons-nous à dresser la liste exacte et complète des subdélégués qui, depuis le commencement du XVIIIe

(a) Hidem, c. 83 et 219-220.

(b) H. de Beauséjour, « Le Bailliage-Présidial de Vesoul », p. 18.

(c) Bibl. mun. de Besançon, Man. 1075, p. 167.

siècle, ont administré les circonscriptions dont se composait le Comté de Bourgogne ? C'est un travail dont l'utilité ne répondrait pas ici, semble-t-il, à la difficulté qu'il présente. Nous ne pouvons pourtant pas nous dispenser de nommer les principaux de ces agents, surtout pour la période que nous considérons spécialement, c'est-à-dire pour la seconde moitié du XVIIIe siècle.

En 1745, le subdélégué de Besançon est Claude Brun, successeur du «président» Gillebert; c'est un «avocat en Parlement », employé, avec son père Philippe, comme « commissaire rapporteur », par M. de la Neuville; il sera procureur du Roi de la maréchaussée à Besançon et « commissaire pour l'instruction » au « Bureau de la Commission »; il épousera Mlle Guyénard de la Maisonforte, auteur de plusieurs pièces de vers, notamment d'une poésie sur la naissance de la Dauphine, et amie de Mme de Lacoré; il exercera pendant près de 40 ans (1) les fonctions de subdélégué de Besançon et laissera presque sans ressources sa veuve et son fils; mais M. de Lacoré obtiendra pour eux, de Necker, en 1779, une pension de 600 livres. C'est Antoine-Casimir Ethis, ou Ethis cadet, seigneur de Berthérange et frère puîné d'Ethis de Corny, qui lui succéda en 1772; il a été parlé plusieurs fois déjà d'Ethis cadet, qui cumula longtemps les fonctions de subdélégué de Besançon et celles de chef d'un bureau de l'Intendance (2); il remplissait encore ces doubles fonctions au mois de juin 1790; il devint, sous la Restauration, conseiller à la cour d'appel de Besançon; c'est dans cette ville, où il était arrivé avec M. de Lacoré ou peu de temps après lui, qu'il mourut le 6 mai 1822; il avait près de 80 ans, étant né à Metz en 1745; sa vie ne fut peut-être pas à l'abri de tout reproche: des accusations ont été portées contre lui, dont quelques-unes ont pu paraître fondées; c'est une exception malheureuse dans l'histoire des subdélégués de Franche-Comté (3) [a].

(a. *Almanach*, années 1743-1790 ; — Arch. Haute-Saône, C. 1-20 et 204-229, passim ; — R. de Lurion, *op. cit.*, p. 41 et note.

A Dôle, 5 subdélégués se sont succédé de 1745 à 1790 : Toytot, Miroudot fils, Frère, Marin et Auguste-Joseph-Ferdinand Chupiel. Sur Toytot, qui resta pourtant en fonctions

(1) Et non 50, comme le dit M. Lurion.

(2) M. de Lurion commet une double erreur, lorsqu'il dit qu'Ethis cadet fut « subdélégué général de l'Intendant de 1765 à 1789 ».

(3) Ethis l'aîné, Blanchard et Griois ont été également accusés de concussion ; ce serait même à cause de ses exactions que le premier aurait été sacrifié, en 1772, par M. de Lacoré (*Mémoires secrets*, t. XXVI, 8 juin 1784 ; cité par Ardascheff, *Les Intendants de Province sous Louis XVI*, trad. Jousserandot, p. 417).

jusqu'en 1759, et sur Frère, les renseignements nous manquent. Nous savons que Marin et Chupiet étaient avocats; le second occupait, en outre, la charge de maître particulier des eaux et forêts. De Miroudot enfin, nous parlerons plus longuement à propos des subdélégués de Vesoul : il succéda, en effet, à son père dans cette qualité (a).

(a) *Almanach* et Arch. Haute-Saône, ibidem.

Gray avait pour subdélégué, en 1745, Jean-Dominique Huot, seigneur d'Avilley et Lavoncourt, qui, après avoir été « conseiller procureur du Roy au bailliage et siège présidial », était devenu, en 1720, lieutenant général civil. Il eut pour successeur, en 1747 ou 1748, Jean-Antoine Agnus, qui fit, à plusieurs reprises, partie du « magistrat » ou corps municipal, soit comme maire, soit comme échevin. En 1767, Prothade-Philibert Virvaux, « avocat en Parlement », remplaça Agnus; il avait auparavant rempli les fonctions de subdélégué à Lons-le-Saunier (b).

(b) Ibidem.

Il n'y avait, d'ailleurs, fait qu'un très court séjour, de deux ans au plus. Au contraire, son prédécesseur, Pierre-Ignace Jeannin de l'Etoile, écuyer, « commissaire délégué » de la « justice des salines de Montmorot », appelé aussi « justice de la réformation des bois affectés aux salines de Montmorot », exerçait déjà ces fonctions vingt-cinq ans plus tôt; Jeannin de l'Etoile était, en outre, « conseiller du Roi assesseur de la maréchaussée ». A Virvaux, succéda, comme subdélégué de Lons-le-Saunier, Pierre-Désiré Deleschaux, également avocat et tour à tour lieutenant de maire et conseiller du « magistrat » (c).

(c) Ibidem.

Pendant toute la seconde moitié du XVIIIe siècle, Baume n'eut que deux subdélégués: Balthazard Guyottet et Henri Thiébaut. Guyottet était né à Vesoul le 1er septembre 1671; en 1698, il fut pourvu d'une charge d'avocat du Roi au bailliage de sa ville natale: ses patentes spécifiaient expressément qu'il aurait part aux épices du procureur du Roi; il résigna ses fonctions en 1705 et fut nommé, l'année suivante, subdélégué à Baume; c'est dans cette dernière ville qu'il mourut le 2 septembre 1759; il laissait un fils, qui fut conseiller maître à la Cour des Comptes et seigneur de Battrans; ses armes étaient : d'or à une rose d'argent tigée de feuilles à dextre et une tête d'aigle arrachée de même à senestre, ou encore: d'azur au chevron d'argent accompagné de trois aiglettes de même. Quant à Henri Thiébaud, qui fut subdélégué de Baume de 1759 à 1790, il était, croyons-nous, sorti des bureaux de l'Intendance (d).

(d) Ibidem ; — H. de Beauséjour, *op. cit.*, p. 85-86.

Avant sa réunion à celle de Quingey, la subdélégation de Salins avait eu successivement pour titulaires, à partir de 1745, Furet d'Evillers (ou Desvillers), successeur de Deschard, et Luc-François de Champagnole. Le premier paraît avoir été lieutenant assesseur criminel; le second était, lorsqu'il devint, en 1752, subdélégué de Salins, conseiller honoraire du bailliage-présidial (a).

(a) *Almanach*, années 1743-1790 ; — Arch. Haute-Saône, C. 1-20 et 204-229, passim.

En 1745, Quingey avait pour subdélégué Jean-Simon Maire. Vingt ans plus tard, c'était Jacques-François-Hyacinthe Faton, qui administra, avec le concours de son frère, les deux subdélégations réunies de Quingey et de Salins jusqu'à la Révolution. Faton fut, en outre, maire et lieutenant général de police à Quingey (b).

(b) Ibidem.

Jusqu'à sa réunion à celle de Poligny, la subdélégation d'Arbois n'a eu pour subdélégués, pendant la période qui nous occupe, que les deux Regnaud d'Epercy, le père et le fils. Tous deux étaient avocats; le premier fut « vicomte-mayeur, capitaine, prévôt, etc., électif » d'Arbois, et le second lieutenant de maire, également électif, de la même ville (c).

(c) Ibidem.

C'est au profit de Jean-François Saullier, titulaire de la subdélégation de Poligny, que se fit la réunion de cette subdélégation avec celle d'Arbois. Saullier avait eu comme prédécesseurs Regnaudot, puis Jean-Baptiste-Adrien Bousson, assesseur du bailliage et maire, à l'époque où il était subdélégué, et, plus tard, président de la juridiction des traites et gabelles, conseiller du magistrat et commissaire de la noblesse à la maréchaussée, enfin l'avocat Chevalier (d).

(d) Ibidem.

Jean-Baptiste Blondeau-Fauche, seigneur d'Athoze, ancien procureur du Roi, fut au moins trente ans subdélégué de Pontarlier; le Roi l'honora du titre d'écuyer; il était, en outre, échevin en 1772. Mais, déjà, François-Emmanuel-Régis Droz de Rozel, avocat, l'avait remplacé à la subdélégation de Pontarlier. Celui-ci eut, à son tour, comme successeur Jean-Claude Bousson, écuyer (e).

(e) Ibidem.

A Ornans, deux Simonin furent subdélégués. C'est d'abord Simon-François-Xavier Simonin de Déservillers, lieutenant général du bailliage; c'est ensuite l'avocat Simonin de Maléchard (f).

(f) Ibidem.

Les subdélégués d'Orgelet jusqu'à la réunion de cette subdélégation à celle de Lons-le-Saunier sont Varod de Largillay (Jean-Balthazard), avocat du Roi, et Tissot de la Barre ou de Mérona (Pierre-François), avocat en Parlement (g).

(g) Ibidem.

A Saint-Claude, ce sont, comme à Arbois, le père et le fils, les deux Bayard de la Ferté; le père est grand-juge, le fils avocat. A Saint-Amour, se succèdent Eléonor-Gabriel Gaillard, écuyer, seigneur de Domanches et autres lieux, et Joseph-Philippe François, avocat en Parlement et bailli du seigneur (a).

Lure n'a eu qu'un seul subdélégué, François-Joseph Devault, bailli et gouverneur pour le Roi ; il était, en outre, gruyer et prévôt des mines; le Roi le fit écuyer, et, en 1758, il fut nommé directeur général des milices. Auparavant, le chef-lieu de la subdélégation était Luxeuil, et le titulaire « noble Jean-Georges Pusel, seigneur de Servigny et autres lieux », docteur « ès droits » et ancien bailli de Faucogney (b).

En 1745, Antoine Vautherin est déjà subdélégué de Jussey depuis plusieurs années; il était, en outre, « prévôt et châtelain ». Il avait succédé, dans ces doubles fonctions, à Pierre-Hubert Charles, conseiller du Roi. Il eut, à son tour, pour successeur à la tête des deux subdélégations de Jussey et de Lure réunies en 1758 sous son administration, Philippe Marchand de Launay, dont les origines nous sont inconnues (c).

III. Restent les subdélégués de Vesoul. Nous en parleront plus longuement.

C'est au mois de septembre 1745 que Claude-Gabriel Miroudot, seigneur de Saint-Ferjeux et avocat en Parlement, fut appelé, par M. Sérilly, à la subdélégation de Vesoul. Il y remplaçait Jean-François Salivet, écuyer, seigneur de la Demie, du Brouay et autres lieux.

Salivet avait été le premier subdélégué de Vesoul. L'Intendant l'avait même employé avant que Vesoul ne fût le siège d'une subdélégation. Dès 1689, époque à laquelle il remplissait à Vesoul les fonctions de « vicomte mayeur », M. de la Fond eut recours à lui pour ces missions spéciales dont nous avons parlé et qui consistaient surtout à instruire et à « rapporter » une affaire contentieuse. Il était, d'ailleurs, avocat en Parlement, comme Claude-François de Mongenet, à qui avaient été auparavant confiées les mêmes missions. Les années suivantes, l'Intendant s'adressa de plus en plus exclusivement à lui, pour ce qui concernait non seulement la Ville, mais encore toute la région environnante. C'est ainsi qu'il devint, pour la plus grande partie du bailliage de Vesoul, le « commissaire » ou « commis » de l'Intendant. Il en fut le représentant officiel et permanent, lorsqu'il y eut à Vesoul une subdélégation. Mais il s'en établissait en même temps deux autres dans le bailliage, à Jussey et à Luxeuil; de sorte que sa compétence

(a) Ibidem.

(b) Ibidem.

(c) Ibidem.

ratione loci se restreignit, tandis que s'étendait sa compétence *ratione materiæ*. Comme subdélégué de Vesoul, il vit se succéder, à l'Intendance de Franche-Comté, MM. Desmarets de Vaubourg, d'Harrouys, de Bernage, Le Guerchois, Lefebvre d'Ormesson, de la Neuville et de Vanolles; et ce n'est que sous M. de Sérilly, à la fin de 1745, qu'il céda ses fonctions à Claude-Gabriel Miroudot. Il avait antérieurement, pour ses longs et loyaux services, été anobli par le Roi: de là la qualité d'écuyer qu'il portait dans les derniers temps. Après 1745, il conserva les « détails » du commandement militaire: le duc de Randau avait, en effet, pensé « devoir à M. Salivet l'égard de les luy conserver »; et il les garda jusqu'à sa mort, survenue le 24 septembre 1757. Il avait non pas seulement, comme le porte son acte de décès, « environ 80 ans », mais certainement plus de 90 (a).

(a) Arch. Haute-Saône, C. 1-20, passim; — Arch. Vesoul, Reg. Décès 1743-1759, folio 177 (deux rédactions).

Claude-Gabriel Miroudot appartenait à une vieille famille noble, venue de Lorraine en Franche-Comté au XVIe siècle. L'un de ses ancêtres était Jacob du Bourg, conseiller de René d'Anjou, roi de Sicile et duc de Lorraine. C'est le fils de Jacob, Adam du Bourg, qui avait reçu, en 1512, du duc Antoine de Lorraine, des lettres de noblesse; et c'est son petit-fils, Guillaume du Bourg, qui avait passé en Franche-Comté et qui y prit le nom de Miroudot, après avoir épousé une jeune fille noble de ce nom. Les descendants de Guillaume se fixèrent à Villersexel et y restèrent longtemps: c'est dans l'église de cette ville que furent enterrés Antoine Miroudot dit du Bourg, écuyer, fils de Guillaume et père de Jean-François, décédé le 2 mars 1579, et Anne de Joibert, également de famille noble, épouse de Claude Miroudot et petite-fille par alliance d'Antoine, morte le 4 juin 1658; c'est à Villersexel aussi que commandèrent, pour le roi d'Espagne, les « ville et château » d'abord Jean-François, puis Claude, auquel fut, à partir de 1668, adjoint son fils Jean-Claude (b).

(b) Papiers de famille.

Claude-Gabriel Miroudot, seigneur de St-Ferjeux et avocat en Parlement (1), qui devint en 1745 subdélégué de Vesoul, était l'un des fils de Jean-Claude Miroudot et de Claire-Françoise Perrin. Il avait pour frère aîné Claude-François, seigneur de Montussaint et Tallans, qui, de Jeanne-Elisabeth Racle, sa femme, eut deux fils : un autre Miroudot de Montussaint, décédé sans postérité, et Jean-Baptiste Miroudot, seigneur de Genoy, Onans et Tallans, chef d'une branche aujourd'hui éteinte (c).

(c) Ibidem.

(1) Il était « docteur ès droits », *jurium doctor*.

Avant d'être appelé à la subdélégation de Vesoul, Claude-Gabriel Miroudot n'avait, à notre connaissance, rempli aucune fonction publique. Il se bornait à exercer plus ou moins sa profession d'avocat et à vivre « noblement », bien que ses ressources fussent modestes. Devenu « fonctionnaire », il prit goût aux emplois publics. Il eut soin, en 1757, à la mort de Salivet, de se faire attribuer, par le duc de Randan, commandant en chef pour le service du Roi dans la province de Franche-Comté, les « détails attachés à sa place » (a), et il parvint, un an ou deux plus tard, à obtenir la succession de Raillard, assesseur de la maréchaussée. Il avait posé sa candidature à cette dernière place dès la fin de 1752 et s'était fait alors recommander par Mme Larcher d'Argenson (b); au début de 1758, n'ayant pas encore reçu satisfaction, il s'était directement adressé au marquis de Paulmy, ministre de la Guerre, en l'honneur de qui il avait, au mois d'août 1755, donné chez lui un grand dîner; les bonnes dispositions et l'appui de l'Intendant, que ce fût M. de Beaumont ou M. de Boynes, ne lui avaient, d'ailleurs, jamais fait défaut (c).

(a) Arch. Haute-Saône, c. 211 (lettres du 13 octobre 1757).

(b) Ibidem, c. 207 (lettre de Mme d'Argenson, du 30 décembre 1752).

(c) Ibidem, c. 207 (lettre de M. de Beaumont, du 5 janvier 1753) et c. 212 (lettres de M. de Boynes et d'Auda, des 13 et 18 février 1758).

L'ambition vient avec le succès. Dans les derniers mois de 1760, Miroudot rédige un placet en vue d'obtenir des lettres de noblesse. La demande est renvoyée, en juillet 1761, par le duc de Choiseul, pour enquête et avis, au nouvel Intendant, M. de Lacoré. Avertis de ce renvoi, Miroudot et son fils écrivent, chacun de son côté, au premier secrétaire que vient d'amener M. de Lacoré et qu'ils ne connaissent pas encore; il s'agit de se rendre favorable cet auxiliaire, ce collaborateur immédiat de l'Intendant, qui ne peut manquer d'avoir toute sa confiance et qui sera très vraisemblablement chargé d'étudier l'affaire et de préparer le rapport. Le 30 novembre suivant, ce rapport part au Ministère; il est tout à fait favorable à Miroudot (1). La demande de ce dernier n'en est pas moins rejetée. Mais il dut facile-

(1) Voici les principaux passages de ce rapport : « Mon prédécesseur ne m'a point laissé ignorer que ce subdélégué a rempli avec le plus grand désintéressement la place qu'il occupe, et je puis vous assurer qu'il n'a certainement rien perdu dans mon esprit depuis que l'administration de cette province m'a été confiée. Le Sr Miroudot est réellement animé des vues d'un bon et véritable citoyen ; il se livre non seulement aux moyens d'encourager le commerce en Franche-Comté, mais il s'occupe aussi très sérieusement de ceux d'y perfectionner l'agriculture, et c'est à lui à qui on est redevable dans cette province des prairies artificielles qui y subsistent. A ces considérations qui militent en faveur du Sr Miroudot, je crois devoir ajouter qu'il a toujour vécu noblement quoy que sa fortune n'excède pas 4 à 5 mille livres de rente. A l'égard de sa famille, elle n'est composée que d'honnestes gens, et vous le reconnoitrés par la notte que j'ai l'honneur de joindre icy, par laquelle vous verrés qu'il est allié à plusieurs gentilshommes qui y sont dénommés » (Papiers de famille).

ment s'en consoler, s'il faut le croire lorsqu'il dit : « Si je n'avois pas un fils sur le point de prendre un engagement, je n'aurois jamais pensé à la noblesse, étant fort content de la considération dont je jouis dans cette province, indépendamment du poste que j'occupe. » Il est probable qu'au contraire le jeune Miroudot, qui était alors subdélégué à Dôle, fut sensible à cet insuccès: car « une grace semblable » venait d'être accordée à un de ses « confrères », et il estimait qu'elle était « moins méritée en quelque façon » que celle que son père sollicitait — et dont il eût, plus encore que celui-ci, bénéficié (a).

(a) Papiers de famille ; Arch. Haute-Saône, c. 78.

Miroudot père prit sa retraite en 1764. L'année précédente, le marquis de Moustiers, qui entretenait les meilleures relations avec la famille Miroudot, avait écrit au fils, pour lui faire part d'un entretien qu'il venait d'avoir avec M. de Lacoré: « A l'égard de M. votre père, disait notamment cette lettre, il [l'Intendant] trouve qu'il vieillit, et il désire fort que vous occupiés sa place et trouve juste qu'un honeste homme tel qu'il est ayant vieilli dans sa place ait une pension du Roy; mais il voudroit que M. votre père luy demanda sa retraite en vous proposant à sa place. Il m'a doné sa parole, et vous pouvés garder ma lettre, que M. votre père ne seroit point déplacé qu'il n'eut une pension du Roy, que vous occupériés sa place et qu'a la votre actuelle ne seroit nomé qu'en conséquence» (b). Miroudot père se conforma aux indications données par le correspondant de son fils, et, peu après, M. de Lacoré lui adressait la lettre suivante: « J'ay reçu la lettre que vous m'avés écrite, par laquelle vous me représentés que votre age et votre mauvaise santé ne vous permettent plus de remplir les fonctions de subdélégué à Vezoul. L'ancienneté de vos services, desquels je ne puis que rendre les meilleurs témoignages, et la considération particulière que j'ay pour vous me déterminent avec plaisir à vous remplacer, comme vous le désirés, par M. votre fils et à solliciter auprès de M. le duc de Choiseul une pension de retraite en votre faveur. Je ne négligerai rien de ce qui pourra dépendre de moy pour l'obtenir, et je verrai toujours naître avec une véritable satisfaction les occasions de vous obliger... » (c).

(b) Arch. Haute-Saône, c. 216 (lettre du 5 mars 1763).

(c) Ibidem. c. 217 (lettre du 26 mars 1763).

C'est au mois d'avril 1764 que Miroudot fils succéda à son père (1). Ce dernier avait-il obtenu la « pension de

(1) Dans une lettre qui accompagnait l'envoi de la « commission » destinée au nouveau subdélégué de Vesoul, M. de Lacoré disait : « Le grand age et les infirmités de votre père le mettant dans le cas de désirer sa retraite de la subdélégation de Vezoul, j'ai crû ne pouvoir rien faire de

retraite » sollicitée pour lui ? nous l'ignorons. En tout cas, il n'en eût pas longtemps profité : car il mourut dès la fin de la même année. Sa veuve, née Adrienne-Alexandrine Perrot, devait lui survivre de plus de 20 ans (1),

Il avait eu beaucoup d'enfants. Il en laissait au moins quatre : une fille, Elisabeth-Ursule, qui ne se maria pas, et trois fils, dont deux, Jean-Baptiste et Claude-Joseph, entrèrent dans les ordres, et dont le troisième, Gabriel-Joseph, est notre subdélégué. Celui-ci se fit recevoir avocat et travailla d'abord avec son père: dès 1750 (il avait alors 22 ans) (2), nous le voyons se rendre à Besançon, chargé d'une communication pour de Bourges (a); l'année suivante, M. de Beaumont remercie à la fois le père et le fils des « soins qu'ils se sont donnés pour la réparation des grandes routes de la subdélégation » (b) ; à partir de 1753, le jeune Miroudot est officiellement adjoint à son père (3) qui peut, en 1757, le proposer à l'Intendant pour faire, pendant une absence de M. de Villiers, les fonctions de commissaire des guerres à Vesoul. Cette proposition fut toutefois écartée, parce que « l'intention du Roy, répondit le Ministre à M. de Boynes, était de n'employer personne en qualité de com-

(a) Arch. Paute-Saône, c. 206 (lettres du 18 septembre 1750).

(b) Hidem, c. 206 (lottres du 21 mai 1791).

mieux, autant pour lui donner des marques de ma considération et de la satisfaction que j'ay de ses services que pour le récompenser de ses soins et de son zèle, que de vous choisir pour son successeur à cette place. Celle que vous occupés à Dôle devenant au moyen de ce vacante, je l'ay destinée à M. Frère, et je vous adresse en conséquence la commission que je lui ay fait expédier à cet effet, dont il commencera à jouïr à compter du 15 de ce mois. Il m'a paru convenable que vous fussiés chargé vous même de luy remettre cette commission et j'ay été fort aise de vous donner cette nouvelle marque de confiance. Je ne doute pas que vous ne vous fassiés un plaisir de dire à M: Frère, en la lui remettant, les choses polies et obligeantes que votre caractère honnête vous suggérera, et je compte que d'ici à l'époque du 15 avril vous voudrés bien, en lui remettant tous les papiers de la subdélégation de Dôle, lui donner les renseignemens et éclaircissemens que vos talens et votre expérience vous ont acquis. Je n'oublierai point, comme je l'ay promis, de récompenser particulièrement M. votre père duquel je n'ay que les meilleurs témoignages à rendre, et je vous prie d'être persuadé que je verrai naître avec plaisir les occasions de vous obliger...» (Arch. Haute-Saône, c. 217).

(1) Le décès de Miroudot père est du 21 novembre 1764 (Arch, municipales de Vesoul, Registres de décès 1759-1779, folio 84). — Sa veuve mourut en 1785, et, à cette occasion, Miroudot fils reçut, en particulier, les condoléances de la marquise de Rosen, née comtesse de Vaudrey, qui habitait le château de Saint-Remy et était très liée avec la famille de Miroudot, et celles de Blanchard de Villiers, grand ami du subdélégué de Vesoul (Arch. Haute-Saône, c. 227, lettres des 26 février et 5 avril 1785). — Voir aussi Arch. Haute-Saône, c. 217 et 227.

(2) Il était, en effet, né à Vesoul le 15 décembre 1728 (Arch. municipales, Registres de naissances 1709-1730, folio 279, n° 2039).

(3) Almanach de Franche-Comté, année 1754. — A l'arrivée de M. de Boynes dans la province, Miroudot père lui écrit : « En perdant Mrs de Sérilly et de Beaumont, je perds des protecteurs qui m'ont honorés de leurs bontés et qui les ont fait rejaillir sur mon fils en me le donnant comme adjoint » (Arch. Haute-Saône, c. 207).

(a) Ibidem, c. 211 (lettres des 21 juin et 12 juillet 1757).

missaire des guerres qui ne fût revêtu d'une de ces charges » (a). Les bonnes dispositions de l'Intendant n'étaient, d'ailleurs, pas douteuses : « Personne, écrit Auda, ne s'intéresse plus particulièrement que moi à tout ce qui vous concerne [la lettre est adressée à Miroudot père] et je prens toute la part possible aux arrangemens que M. l'Intendant vient de faire pour M. votre fils; ces arrangemens sont encore très secrets icy, et vous comprendrés qu'il est intéressant de ne pas encore le faire connaître; mais ils seront consommés incessamment et vous en serés instruit tout de suite » (lettre du 6 décembre 1757) (a). Le jeune Miroudot ne fut cependant pas nommé, comme son père et lui avaient pu l'espérer, à la subdélégation de Lure, devenue vacante par le départ de M. Devaut. Pour ce poste, Miroudot fils s'était, d'ailleurs, trouvé en concurrence avec un de ses parents, appelé « Miroudot de Granges » dans une lettre du conseiller Damey (b). On sait quel « parti » avait « pris définitivement » l'Intendant « pour la subdélégation de Lure »; Auda le fait connaître en ces termes à Miroudot père : « M. l'Intendant vient de la réunir à celle de Jussey, et il confie l'une et l'autre à M. Vautherin, dont la résidence sera fixée à Luxeuil comme le centre de ce nouveau département » (c). Dans une lettre du même jour (18 février 1758), le premier secrétaire de l'Intendant écrivait encore au subdélégué de Vesoul : « Ceci ne change rien aux arrangemens faits pour M. votre fils, et je souhaite qu'ils s'exécutent bientôt et que le travail que M. l'Intendant lui a confié en attendant le dédommage de ce qu'il a perdu d'un autre côté ». Le jeune Miroudot n'attendit pas longtemps: quelques mois après, il était désigné pour la subdélégation de Dôle, et, le 8 juillet 1758, Auda pouvait adresser à Miroudot père les lignes suivantes : « M. votre fils doit partir demain pour sa destination; il n'a pas besoin de mes conseils, je suis persuadé qu'il répondra à la confiance que M. l'Intendant lui a donné (*sic*) et c'est pour moi un motif de plus de prendre intérêt au choix qu'il a fait » (d).

(a) Ibidem.

(b) Ibidem, c. 212 (lettre du 18 janvier 1758).

(c) Ibidem.

(d) Ibidem.

Gabriel-Joseph Miroudot resta, nous le savons, six ans à Dôle. M. de Lacoré, aussi bien disposé pour lui que M. de Boynes, lui réservait la succession de son père. Cette succession s'ouvrit en 1763, dans les conditions qu'on connaît. Veut-on savoir quelle était alors l'opinion de l'Intendant sur le jeune subdélégué ? Voici ce qu'on lit, à cet égard, dans la lettre du marquis de Moustiers qui a été en partie reproduite plus haut : « ... Il [M. de Lacoré] est fort content de vous, en fait cas et trouve seulement à redire sur certains comptes et états qu'il ne trouve pas aussy bien fait que d'autres, ce qu'il attribue à un peu de légèreté et de négligence de votre part; mais en tout j'ay été fort content de sa fasson de penser sur votre compte : ainsy soyés sur cela en pleine sécurité... »

Le fils était un peu jeune (il n'avait encore que 35 ans), si le père était un peu vieux. Mais on se corrige plus facilement du premier défaut que du second; et Gabriel-Joseph Miroudot s'en corrigea avant l'âge. Il avait pris possession de son nouveau poste le 15 avril 1764. Dès l'année suivante, M. de Lacoré n'hésitait pas à lui confier, outre celle de Vesoul, la subdélégation de Luxeuil, constituée elle-même, six ans plus tôt, par la réunion des subdélégations de Jussey et de Lure; c'était le placer, à 37 ans, à la tête d'un « département » qui avait compris 3 subdélégations et qui comptait, on s'en souvient, 6 villes et 429 autres communautés. Il fallait que l'Intendant eût en ce jeune subdélégué une confiance peu commune et, pour ses qualités et son mérite, une estime singulière; on verra par la suite que l'une et l'autre étaient pleinement justifiées.

Et pourtant la tâche était, au point de vue des fonctions à remplir, d'autant plus lourde pour lui que, comme son père, il était chargé des « détails » du commandement militaire: M. de Ségur adressera, de Paris, des lettres « à M. de St-Ferjeux, subdélégué du Commandement et de l'Intendance de Franche-Comté, à Vesoul » (a). En outre, l' « intention du Roi » ayant changé, il eut, plus d'une fois, à suppléer, dans ses fonctions de commissaire des guerres, M. de Villiers, qui n'était « guères en état » de les exercer (b). Enfin, à partir de 1771, il fut adjoint à Jean-François Lyautey, procureur du Roi de la maréchaussée, avec future succession ou, comme l'on disait alors, « en survivance ». Ce n'est pas cette place qu'il avait tout d'abord sollicitée : il eût voulu succéder à son père dans celle d'assesseur de la maréchaussée et y avait posé sa candidature dès son installation dans les fonctions de subdélégué de Vesoul. Focard lui écrivait, à ce sujet, le 5 mai 1764 : « Vous ne devés avoir aucune inquiétude sur la place de lieutenant assesseur de la maréchaussée que M. votre père possède; le Roy ne donne point de survivance [c'était peut-être vrai en 1764, ce ne devait plus l'être en 1771, comme on le verra plus loin], et si quelqu'un s'avisait de la demander, l'affaire seroit renvoyée à M. l'Intendant, au moyen de quoy vous seriés averty, et sans difficulté vous obtiendriés la préférence sur tout autre »; Auda n'en prendra pas moins la précaution d'écrire, à ce sujet, à M. de Lacoré,

(a) Ibidem, c. 223 (lettre du 5 janvier 1776).

(b) Ibidem, c. 221 (lettre du 15 septembre 1773).

(a) Ibidem, c. 217 (lettre du 5 mai 1764).

qui était alors à Paris (a). Le subdélégué a, d'ailleurs, des concurrents, qui usent contre lui de tous les moyens (1); et, malgré la « bonne volonté » de l'Intendant à son égard, il se voit, en définitive, préférer Vincent Jolyet, conseiller assesseur au bailliage et siège présidial de Vesoul. A son tour, il essaie de soulever une question d'incompatibilité; mais l'Intendant, qui ne la juge pas fondée, se refuse à la soumettre au Ministre (2). De Saint-Ferjeux (donnons-lui le nom sous lequel il était désigné et se désignait lui-même habituellement) ne devait obtenir une compensation que sept ans après, puisque c'est seulement en 1771 que la survivance de la place de procureur du roi de la maréchaussée à Vesoul lui fut accordée, avec adjonction à Jean-François Lyautey, qui occupait cette place depuis une trentaine d'années; en même temps, Jolyet fils obtenait la survivance de la place d'assesseur, exercée par son père, et était également adjoint à ce dernier (3). François Jolyet attendit environ dix ans la succession de son père; de Saint-Ferjeux remplaça, au contraire, dès le mois de janvier 1775, Lyautey, mort le 31 décembre 1774 (b).

(b) Arch. mun. de Vesoul, Reg. décès 1759-1770, folio 208.

La commission de procureur du Roi à la maréchaussée de Vesoul n'est pas la seule faveur que de Saint-Ferjeux ait reçue de la Cour. Comme son père, il voulait être « noble »; et, plus heureux que lui, il y réussit. Il éprouva cependant, tout d'abord, un échec. Dès 1772, il avait renouvelé la demande de son père en vue d'obtenir des lettres de noblesse; et M. de Lacoré, qui était très favorable à cette demande, l'avait chaudement appuyée auprès du

(1) « Je n'avais besoin, lui écrit l'Intendant, que de votre assertion pour être rassuré sur la crainte que j'ay pû avoir que vous ne fussiés pas avocat et que cette circonstance ne vous nuisit pour l'obtention de la place d'assesseur à la Maréchaussée qu'excerçoit M. votre père ; il était inutile de m'envoyer vos lettres de grade pour me dissuader, et je pense comme vous que ceux qui m'en ont imposé à ce sujet, en me priant de leur procurer cette place, ne se sont servis de ce stratagème que dans l'espérance d'obtenir plus aisément la préférence sur vous. Des démarches de cette espèce ne peuvent me donner qu'une très mauvaise idée de ceux qui les font, et vous pouvés être persuadé qu'à augmenter, s'il est possible, ma bonne volonté à votre égard » (Ibidem, c. 217, lettre du 27 nov. 1764).

(2) « Le degré de parenté du Sieur Jolyet avec le Sr Madroux [qui était lieutenant de la Maréchaussée] n'est pas un moyen de l'empêcher d'exercer ses fonctions ; il n'a même pas besoin de dispenses à cet effet : au moyen de quoy les représentations que je me proposois de faire à cet égard ne peuvent avoir lieu et n'auroient aucun succès favorable pour vous... » (Ibidem, c. 217, lettre du 12 avril 1765).

(3) « Je vous donne avis avec plaisir de ces dispositions, que vous m'avés témoigné désirer, écrit le Ministre de la Guerre à l'Intendant, et je viens d'ordonner l'expédition des commissions auxquelles elles donnent lieu ; il sera nécessaire que les sieurs Jolyet et de Saint-Ferjeux les fassent retirer du sceau et enregistrer à la connétablie... » (Ibidem, c. 220, lettre du 28 octobre 1771).

marquis de Monteynard, ministre de la Guerre (1). Elle fut pourtant « refusée », le 23 janvier 1773, au Conseil des Dépêches, le Roi « nommément » n'ayant pas voulu l'accueillir (2). Ce n'est qu'en 1777 et par une voie indirecte que le subdélégué de Vesoul parvint à ses fins. Il s'entendit, à cet effet, avec son cousin germain, Jean-Baptiste Miroudot de Geney, Olans et Tallans, qui avait été « lieutenant en la maîtrise des eaux et forêts du département de Vesoul », puis « vicomte mayeur » de cette ville, et qui,

(1) Voici la lettre de l'Intendant au Ministre : « Le Sr Miroudot de Saint-Ferjeux, mon subdélégué à Vesoul, m'a fait part du mémoire que M. le Maréchal de Lorges a eu l'honneur de vous présenter pour vous suplier de proposer au Roy de lui accorder des lettres de noblesse qui lui sont préalablement nécessaires pour obtenir le Cordon de St-Michel qu'il sollicite. Il m'a informé en même tems des dispositions favorables où vous avés paru être à son égard, et il désire que j'aye l'honneur de vous adresser un mémoire contenant le détail des moyens qu'il employe pour l'obtention de cette grace. La connoissance parfaite que j'ay des faits contenus dans ce mémoire me détermine à le mettre sous vos yeux. Il est certain que les Srs Miroudot père et fils ont rendu des services essentiels en qualité de subdélégués. Le père qui a exercé la subdélégation de Vezoul avec beaucoup de distinction pendant plus de 23 ans [c'était un peu éxagéré : 19 ans seulement] jouissoit dans la province de la plus grande considération et y a toujours été considéré comme un homme très honnete et très éclairé. Le Sr de Saint-Ferjeux son fils qui occupoit déja la place de subdélégué à Dole lorsque l'administration de cette province m'a été confiée jouissoit dans cette ville de la meilleure réputation. Je n'ay eu que des éloges à faire de son travail, de ses services et de sa conduite en toute circonstance et même dans les affaires les plus délicates. Aussi me suis-je porté avec grand plaisir lors de la mort de son père à lui confier la subdélégation de Vezoul beaucoup plus intéressante que celle du bailliage de Dôle. Je lui dois la justice que la noblesse, la Chambre des Comptes et toutes les communautés de ce bailliage lui donnèrent des témoignages authentiques des regrets que l'on avoit de luy voir quitter cette place. Il ne s'est pas acquis moins de considération depuis qu'il est à Vezoul, et je suis persuadé que tout le monde apprendra avec une véritable satisfaction qu'il a obtenu les lettres de noblesse qu'il sollicite. Une grace de cette nature qui ne peut nullement être à charge dans cette province ne pourra au surplus que faire un très bon effet : elle excitera l'émulation, sans que l'on puisse craindre qu'elle ne tire à concéquence, puisqu'il n'y a aucun subdélégué dans la province qui soit au cas de faire valoir des services pareils à ceux du Sr de Saint-Ferjeux. Il est d'ailleurs très bien né et tient ici à un nombre infini de personnes distinguées. Les différentes considérations personnelles qu'il réunit en sa faveur le rendent digne à tous égards de la grace qu'il vous suplie de lui accorder. Je vous prie de permettre que je joigne ma sollicitation à celle de M. le Maréchal de Lorges qui s'intéresse ainsy que moy particulièrement à luy». — Quelques jours après, M. de Lacoré confirmait dans un rapport officiel les termes de la lettre précédente et insistait pour que satisfaction fût donnée à son subdélégué, qui lui paraissait digne de cette faveur « autant par ces services que par ses qualités personnelles » et qu'il estimait, disait-il, « infiniment » (lettre du 2 décembre 1772 ; rapport et lettre du 28 du même mois ; Arch. Haute-Saône, c. 78).

(1) M. de Monteynard en avait « fait le rapport le plus favorable » et M. de Boynes l'avait appuyé fortement » ; mais le nombre des demandes de cette nature était si considérable que les ministres s'en trouvaient « accablés » ; ceux-ci auraient cependant été « disposés » à accueillir la requête du subdélégué de Vesoul ; c'est le *veto* royal qui la fit rejeter (lettres du duc de Luynes et du marquis de Moustiers à de St-Ferjeux, en date du 21 janvier 1773 : Arch. Haute-Saône. c. 78, et Papiers de famille).

(a) *Almanach de Franche-Comté*, année 1766 ; — Arch. Haute-Saône, c. 218.

en cette dernière qualité, avait eu des démêlés avec la Cour en 1768 (a). Les deux cousins descendaient, au même degré, d'Adam du Bourg, anobli en 1512 par le duc de Lorraine. En 1774, Miroudot de Geney sollicita du Roi la reconnaissance de cette origine et le droit de porter le nom de son ancêtre. Le duc d'Aiguillon renvoya l'affaire à l'Intendant, pour rapport et avis. M. de Lacoré conclut en disant, d'une part, que les titres et pièces qu'il avait vérifiés lui paraissaient « justifier parfaitement » la demande dont il s'agissait et, d'autre part, que la faveur sollicitée pouvait être accordée sans « aucun inconvénient » (1). Cette fois, la Cour céda ou, si l'on aime mieux, acquiesça; et, par lettres patentes du mois de novembre 1777, le Roi autorisa les deux cousins, l'ancien maire et le subdélégué, à « prendre à l'avenir le nom de Dubourg en tous actes et en droits, tant en jugement que dehors », les « maintint et confirma dans la jouissance et possession de leur noblesse » et même, « en tant que besoin était ou seroit », les anoblit expressément. Il leur fut permis de « prendre la qualité d'écuyer, parvenir à tous degrés de chevallier et autres dignités et qualités » réservées à la noblesse, « tenir et posséder tous fiefs, terres, possessions et héritages nobles et en jouïr et disposer noblement ». Enfin, ils reçurent l'autorisation, pour eux et « leurs enfans et descendans males et femelles nés et à naître en légitimes mariages », de se servir des « armoiries réglées à Adam Dubourg leur auteur, lesquelles sont d'argent à un cerf au naturel couché sur une terrasse de sinople et chargé sur l'épaule d'une quinte feuille d'azur percée du champ ». Pour ces patentes, ils étaient, en outre, dispensés de payer au Roi et à ses successeurs « aucune finance ni indemnité » (b).

(b) Papiers de famille.

A partir de cette époque, le subdélégué change, dans les actes officiels auxquels il prend part, ses titres et qualités. Il ne s'appelle plus, comme il le faisait auparavant et comme son père l'avait fait avant lui, « Miroudot, seigneur de Saint-Ferjeux », mais, dans les premières temps, « Du Bourg, seigneur de Saint-Ferjeux et de Mouhy », ou « Du Bourg de Saint-Ferjeux, seigneur de Mouhy » et, plus tard, « Miroudot du Bourg, seigneur de Saint-Ferjeux, Meurcourt, Corbenay, Mailleroncourt et Betoncourt-Saint-Pan-

(1) « Cette faveur, qui ne me paraît susceptible d'aucun inconvénient, procurera une illustration à la famille du Sr Miroudot composée de gens de considération et fort estimés à Vezoul et dont la plupart occupent des places de confiance et de distinction. M. de Boynes, qui connait comme moy cette famille et qui l'a toujours honoré de sa bienveillance, ne pourra que vous en rendre les témoignages les plus avantageux.... » (Rapport du 3 mai 1774 : Arch. Haute-Saône, c. 78).

cras ». D'autre part, à la qualité d' « avocat en Parlement », qu'il prenait au début, et à celle de « conseiller du Roy », qu'il y ajouta par la suite, il substitua celle d' « écuyer », qui est plutôt un titre. Mais, dans la correspondance ordinaire, on continue à le nommer et il continue lui-même à signer « Saint-Ferjeux » tout court; son père signait « Miroudot de Saint-Ferjeux » et était généralement appelé « Miroudot » sans autre dénomination (a).

(a) Arch. Haute-Saône, passim, not. c. 204-229.

D'autres « grâces » ou faveurs devaient encore échoir au subdélégué de Vesoul. En 1782, il avait demandé le don du droit de retrait féodal sur différentes portions de seigneuries acquises de la princesse de Beaufremont; malgré la concurrence du marquis de Saint-Mauris, qui invoquait sa parenté avec la maison de Beaufremont, la demande de Saint-Ferjeux fut agréée. En 1786, il obtient davantage: une pension de 1200 livres lui est accordée, « en considération de l'ancienneté de ses services dans l'emploi où il a succédé à son père et qu'il a rempli avec beaucoup de zèle et de distinction »; et ce n'était pas une pension de retraite, puisqu'il resta subdélégué jusqu'à la Révolution (b).

(b) Ibidem, c. 78, et Papiers de famille.

Entre temps, ses concitoyens l'avaient appelé à faire partie du « magistrat » de la Ville; mais il n'accepta ces fonctions qu'à la condition de n'être choisi ni comme maire, ni comme échevin, ce dont l'Intendant l'approuve en ces termes: « Les détails de ces places n'auroient guère pu se concilier avec la multitude de vos autres occupations (1), et je reconnois à ce trait de prudence l'exactitude que vous aimés à aporter dans les fonctions qui vous sont confiées » (2).

Ainsi se passèrent pour de Saint-Ferjeux les dernières années de sa vie administrative. Il ne quitta, d'ailleurs, ses fonctions de subdélégué qu'au moment où elles furent

(1) C'est un exemple de ce *cumul* dont l'administration de l'ancien régime offre tant de cas et qui ne laissait pas que de présenter souvent de graves inconvénients.

(1) Arch. Haute-Saône, c. 225 (lettre du 15 décembre 1780). — Cf. Arch. Pas-de-Calais, c. 14, lettre de Grandsire, subdélégué de Boulogne, à l'Intendant : « La commune vient de me faire l'honneur de me nommer l'un des trois sujets qui doivent être présentés au Roi pour remplir la place de mayeur de cette ville. Quelque flatteur que soit pour moi ce choix, surtout dans les circonstances actuelles, je ne peux applaudir à cette élection. Je ne sais même, Mgr, si elle vous sera agréable ; au reste, vous n'ignorez pas combien aujourd'hui ces fonctions sont pénibles et délicates à remplir. Non seulement elles demandent un homme à talent, mais encore un homme qui soit parfaitement agréable au peuple et qui sache le ramener sans efforts à ses vrais intérêts » (lettre du 22 septembre 1789). Et pourtant, d'après un avis émis en 1780 par son prédécesseur M. de Belterre, Grandsire avait « tout ce qu'il faut pour bien remplir la place » (même cote).

supprimées : c'est le Directoire du district de Vesoul qui lui succéda, au mois de juillet 1790. Il avait près de 62 ans : l'heure de la retraite était bien venue pour lui. Mais ce n'était pas encore l'heure de la tranquillité : il eut, en effet, à souffrir de la tourmente révolutionnaire. Sur la dénonciation d'un Corlandet, jardinier à Vesoul, d'un autre Corlandet et d'un Joyeux, « les deux de Frotey », il fut, en floréal an II, arrêté et enfermé dans la « maison de reclusion » de Champlitte. L'année suivante, il adressait au Comité révolutionnaire de Vesoul, en invoquant ses « infirmités », attestées par un certificat médical, et son « âge avancé », une pétition tendant à obtenir son transfèrement de Champlitte à Vesoul et la conversion, dans cette dernière ville, de sa détention en « arrestation domiciliaire »; le 22 brumaire an III, sa pétition était accueillie par le Comité, qui décidait toutefois que l'intéressé ne jouirait du bénéfice de l' « arrestation domiciliaire » que « jusqu'à guérison »; cette décision fut communiquée au « Comité révolutionnaire provisoire du district de Champlitte », qui, « pour s'y conformer et la mettre en exécution », prit, le 24 du même mois, l'arrêté suivant : « Gabriel-Joseph Miroudot aura dès ce jour la liberté de sortir de la maison de reclusion de cette commune à charge par luy de se rendre sans delay dans son domicile à Vesoul pour y demeurer en arrestation ainsy qu'il est porté dans l'arrêté du Comité de Vesoul ». Un mois après, l'ancien subdélégué sollicitait son « élargissement provisoire » pour « vaquer à ses affaires »; dans sa séance du 23 frimaire, le Comité se borna à décider « qu'il n'y avait lieu à statuer, sauf à l'exposant à se pourvoir pour la gestion de ses affaires en conformité de la loi ». Mais, six jours plus tard, intervenait un arrêté de Sévestre, représentant du peuple en mission dans les départements du Doubs et de la Haute-Saône, aux termes duquel « Joseph Mirondot, sa femme et ses enfans » devaient désormais « jouir d'une pleine et entière liberté ». Le même jour, « la citoyenne Dubourg, femme Miroudot », et « Claire-Joseph Miroudot » étaient également mises en liberté. C'est qu'en effet, outre le subdélégué, beaucoup de ses proches parents avaient été arrêtés comme « suspects » : sa femme, née Charbonnelle, sa sœur Ursule et sa belle-sœur, née Dufourg, avaient été enfermées dans la « maison des ci-devant Ursulles de la Commune de Vesoul », et ses enfants mis « en état d'arrestation dans leur domicile à Vesoul » (a).

(a) Arch. Haute-Saône, 4 L. 30, fol. 15, 65, 106 et 111 ; — 4 L. 32 ; — 4 L. 4.

Rendu à la liberté, avec sa famille, de Saint-Ferjeux put enfin goûter un repos qu'il avait bien gagné, au service de

de satisfaire la veuve Dumotier le plutôt qu'il pourra, je vous avoueray que ses procédés pourroient faire penser le contraire à ceux qui ne le connoitroient pas particulièrement. Il est, d'ailleurs, surprenant qu'un homme de son état, fils d'un père qui occupe une place respectable, se fasse solliciter pendant des années entières pour payer une chose qu'il auroit dû payer comptant. Vous êtes intéressé, Monsieur, à arreter des plaintes de cette espèce, et cela ne vous sera pas difficile, en envoyant à la veuve Dumotier une lettre de change de 703 l. tirée par M. votre fils, acceptée de vous, et payable dans le courant du mois de juillet 1763; quelqu'éloigné que soit ce terme, la veuve Dumotier s'en contentera beaucoup plus que des promesses de M. votre fils qui en fonde l'exécution sur des espérances dont le succès peut être fort incertain. J'attendrai, Monsieur, votre réponse pour écrire à M. de la Michodière; j'espère que vous voudrés bien me la faire parvenir le plutôt qu'il vous sera possible, et qu'elle sera satisfaisante par la veuve Dumotier ». Cette lettre, du 29 septembre 1762, est intéressante à plus d'un titre: car non seulement elle montre les premières défaillances du frère de Saint-Ferjeux, mais elle met, en outre, en lumière l'action qu'exerçait, au besoin, l'Intendant sur la vie privée de ses subdélégués (a).

(a) Papiers de famille; — Archives Haute-Saône, c. 215.

L'incident dont il vient d'être parlé ne devait pas empêcher l'abbé de Jéripont d'obtenir la mître épiscopale; mais il l'attendit jusqu'en 1776, et ce n'est pas sans difficulté que la Cour de Rome donna son agrément. En France, on s'était montré plus accommodant pour celui qui avait rempli, après du roi Stanislas, les fonctions d'aumônier, et, dès la fin de 1774 ou le commencement de 1775, le Roi l'avait nommé consul à Bagdad. Il ne partit pour rejoindre ce poste qu'après que la Cour de Rome l'eût agréé comme évêque de Babylone; d'ailleurs, le pays étant troublé par la guerre, il ne dépassa pas Alep et revint bientôt en France. Il fut remplacé, comme consul à Bagdad, par son neveu de Beauchamp, et se fit nommer suffragant, à Paris, de l'archevêque de Juigné. Il eut ensuite des difficultés avec les autorités ecclésiastiques et le ministère de la Marine, au sujet de la pension à laquelle il prétendait avoir droit. Après la Révolution, il adhéra au nouveau régime et prêta même son ministère pour la consécration des évêques constitutionnels; il assistait Godel le 25 février 1791. Déclaré « suspens » par un bref du pape Pie VI le 13 avril suivant et privé désormais de la pension de 12.000 livres qu'il avait obtenue de la Propagande, brouillé avec les siens, qui étaient restés attachés à l'ancien régime et dont quelques-uns émigrèrent, et éloigné par la duchesse de Bourbon, dont il était devenu l'aumônier, mal récompensé d'ailleurs par ses nouveaux amis, qui l'écartèrent après s'être servis de lui, il se retira, désabusé des hommes et des choses, à l'Hôpital des Incurables, où il mourut en 1798. Il avait disposé de sa fortune pour des œuvres pies ; quant à la riche collection qu'il possédait d'objets rapportés d'Asie ou découverts en Lorraine, elle se perdit et n'a pas laissé de trace. Ajoutons que Jean-Baptiste Miroudot avait fait partie des Académies de Nancy et de Metz, et que, si ce n'est pas lui qui importa en France le raygrass, il fut un des premiers à en recommander l'emploi: il fit même des expériences, qui auraient eu plus de succès si la semence, envoyée d'Angleterre, n'eût pas été avariée. Son père et son frère, les deux subdélégués de Vesoul, propagèrent ses idées et continuèrent son œuvre; il est très souvent question de raygrass dans leur correspondance, et peut-être en firent-ils même une sorte de commerce (a).

(a) Papiers de famille ; — Archives Haute-Saône, c. 221-229, passim.

L'autre frère de Saint-Ferjeux, Claude-Joseph, qui était en même temps son parrain, joua un rôle beaucoup plus effacé. Il était chanoine de l'église de Belfort, lorsque fut faite pour lui la démarche dont il s'agit dans cette lettre de Mousset : « Je viens de recevoir, mon cher amy, en l'absence de M. l'Intendant, la réponse de M. de Blair à celle qu'il lui avoit écrite en faveur de votre frère, pour engager Mme de Mazarin à lui donner la prévoté du chapitre de Belfort. Cette dame croit qu'elle a un engagement, mais elle n'en est pas certaine. M. de Blair promet malgré cela de faire ce qu'il pourra pour votre chanoine; mais il ignore s'il pourra réussir. S'il mande quelque chose de certain, j'aurai soin de vous en faire part » (lettre du 22 novembre 1766). Le chanoine obtint ce qu'il désirait: car, dans une lettre du 31 décembre 1782, la marquise de Rosen parlé à Saint-Ferjeux de son frère, « prévot des Dames de la Prevoté, à Belfort » (b).

(b) Arch. Haute-Saône, c. 217 et 226.

Telle est cette famille des Miroudot, dont deux membres, le père et le fils, furent successivement subdélégués de Vesoul et occupèrent ces fonctions pendant un demi-siècle. Nous avons tenu à la faire connaître et à donner sur elle des renseignements détaillés, parce qu'elle nous paraît être comme le «type » de ces familles franc-comtoises, de bonne bourgeoisie ou de petite noblesse, où se recrutaient également, sous l'ancien régime, l'administration moyenne et le moyen clergé. Ce n'est qu'exceptionnellement que leurs membres entraient dans l'armée, où peu d'avenir les attendait.

IV. Comme leurs « confrères » (nous dirions aujourd'hui leurs « collègues ») des autres provinces, les subdélégués de Franche-Comté ont toujours été librement choisis, déplacés ou relevés de leurs fonctions par l'Intendant. Jamais l'autorité supérieure, Ministère ou Cour, n'est intervenue officiellement dans ces nominations, mutations ou changements; et, si ses représentants ont cru pouvoir parfois agir auprès de l'Intendant, ils l'ont toujours fait à titre non pas même officieux, mais simplement et purement privé, sous forme de recommandations.

(a) Arch. Haute-Saône, c. 204.

Des recommandations de ce genre paraissent s'être produites notamment à la nomination du premier Miroudot (a); mais, si M. de Sérilly donna satisfaction aux hauts protecteurs de celui-ci, il n'y faut voir, de sa part, ni un abandon volontaire de ses prérogatives, ni un acte de faiblesse — et encore moins de « courtisanerie » : les titres du candidat justifiaient pleinement le choix de l'Intendant.

Nous ne possédons pas l'ordonnance par laquelle Miroudot père a été nommé subdélégué de Vesoul. Mais nous avons celle qui a appelé son fils à lui succéder dans ce poste. C'est une pièce assez rare et assez curieuse pour être reproduite *in extenso*. En voici le texte : « La Subdelegation de Vezoul qui étoit confiée au Sr. Miroudot devenant vacante par sa retraite, et étant nécessaire de pourvoir à son remplacement, Nous Intendant avons nommé et commis, nommons et commettons le sieur de St-Ferjeux cy devant notre Subdélégué à Dole, fils dudit Miroudot, pour remplir au lieu et place dudit sieur Miroudot, son père, les fonctions de Subdélégué à Vezoul pour les exercer et jouïr des mêmes honneurs, privilèges, prérogatives, profits et émoluments attachés à la dite place de Subdélégué, à compter du quinze avril de la présente année ainsi et de la même manière qu'en a jouï ou dû jouïr ledit sieur Miroudot; à l'effet de quoy Nous ordonnons aux officiers municipaux, maires, échevins et habitans des villes, bourgs et communautés comprises dans toute l'étendüe de l'arrondisement de la Subdélégation (1) de Vezoul de reconnoitre le dit de Saint-Ferjeux pour notre Subdélégué et de lui obéir en tout ce qu'il leur commandera pour l'exécution de nos ordres ». Cette ordonnance, qui porte la date du 2 avril 1764, est signée de M. de Lacoré, qui se trouvait alors à Paris, et contresignée par Focard; c'est une pièce

(1) Cette formule est tout à fait exceptionnelle ; c'est le seul exemple que nous en ayons trouvé.

(a) Ibidem, c. 217.

(b) Ardascheff, *op. cit.*, p. 179.

originale, un « exemplaire », et non une copie ou une « expédition » (a).

Où les Intendants de Franche-Comté ont-ils pris leurs subdélégués ? « Ces fonctionnaires, dit Ardascheff, étaient pour la plupart des hommes de loi et des avocats, c'est-à-dire qu'ils avaient passé par la Faculté » (b). Cette observation est aussi exacte pour la Franche-Comté que pour les autres provinces, à l'époque où nous nous plaçons.

Presque tous les subdélégués du Comté de Bourgogne étaient ou avaient été « avocats en Parlement ». Parmi ceux qui l'étaient au moment de leur nomination, citons, outre Salivet et les deux Miroudot, de Vesoul, Claude Brun, de Besançon, Marin, de Dôle, Virvaux et Deleschaux, de Lons-le-Saunier, Regnaud d'Epercy, père et fils, d'Arbois, Chevalier, de Poligny, Droz de Rozel, de Pontarlier, Simonin de Maléchard, d'Ornans, Tissot de Mérona, d'Orgelet, Bayard de la Ferté fils, de Saint-Claude (1).

D'autres étaient ou avaient été pourvus de charges judiciaires. Tels le président Gilbert, de Besançon, Huot d'Avilley, de Gray, successivement procureur du roi au bailliage et lieutenant général civil, Guyottet de Baume, ancien avocat du roi au bailliage de Vesoul, Furet d'Evillers et Luc-François de Champagnole, de Quingey, le premier lieutenant assesseur criminel et l'autre conseiller honoraire au bailliage de Salins, Blondeau d'Athoze, de Pontarlier, ancien procureur du roi, Simonin de Déservillers, d'Ornans, lieutenant général du bailliage, Varod de Largillay, avocat du roi, Bayard de la Ferté père, grand-juge à Saint-Claude (2).

A ces noms, il convient d'ajouter ceux de prévôts ou anciens prévôts royaux, comme Charles et Vautherin, de Jussey, de baillis ou anciens baillis seigneuriaux, comme Pusel, de Luxeuil, Devault, de Lure, et François, de Saint-Amour. Devault était, en même temps, gouverneur pour le roi; de même Chupiet était, à la fois, avocat et maître particulier des eaux et forêts (3).

Un autre groupe de subdélégués est formé par les notables, généralement chargés de fonctions municipales, comme Agnus, de Gray, Jeannin de l'Etoile, de Lons-le-Saunier, Faton, de Quingey, et Bousson, de Poligny. Deleschaux et les deux Regnaud d'Epercy remplissaient également, à Arbois, des charges municipales. Enfin Ethis cadet, de Besançon, Thiébaud, de Baume, et le jeune Miroudot avaient passé par les bureaux de l'Intendance; Ethis y resta même attaché jusqu'à la fin (4).

(1), (2), (3), (4) Voir *suprà*, p. 74-99.

La plupart des subdélégués de Franche-Comté sont restés en fonctions pendant de longues années. Nous avons vu que Miroudot père l'avait été 19 ans et son fils 32, Brun une quarantaine d'années et Guyottet plus de 50, Salivet depuis la création des subdélégations jusqu'en 1745. Toytot, Jeannin de l'Etoile, Blondeau d'Athoze, Bayard de la Ferté père, Regnaud d'Epercy père et Simonin de Déservillers exerçaient encore, le premier en 1758, le deuxième en 1764, les deux suivants en 1769 et les deux derniers en 1773, les fonctions qu'ils remplissaient déjà, tous les six, en 1743. En 1789, Ethis cadet était subdélégué depuis 18 ans et Virvaux depuis 24; il y avait respectivement une vingtaine et une trentaine d'années que Delcschaux et Tissot de Mérona étaient pourvus de ces fonctions; Bayard de la Ferté fils, Saullier et Faton les occupaient depuis une époque antérieure, pour le premier, à 1772 et, pour les deux autres, à 1764. Quant à Thiébaud, qui était encore subdélégué de Baume à la Révolution, il avait été appelé à ce poste en 1759, pour remplacer Guyottet: d'où il résulte que la subdélégation de Baume n'a eu, de 1706 à 1790, que deux titulaires. Pendant le même laps de temps, celle de Vesoul en eut trois; et nous ne croyons pas que le nombre des subdélégués de Besançon, de Gray, de Lons-le-Saunier, de Poligny, de Pontarlier, d'Ornans, de Quingey et de Saint-Claude ait été supérieur. Depuis l'origine jusqu'à l'époque où elles ont été réunies à d'autres, les subdélégations de Salins, d'Arbois et d'Orgelet paraissent également n'avoir eu que deux ou trois titulaires. Celle de Saint-Amour n'en a compté, elle aussi, que deux, pour une période, il est vrai, un peu plus courte (a).

(a) Almanach, années 1743 à 1790.

Comment ces subdélégués ont-ils quitté leurs fonctions ? Les uns sont morts en exercice, comme Vautherin et de Launay, de Jussey et Luxeuil, Brun, de Besançon; d'autres, comme Devault, de Lure, ont changé de service; la plupart ont pris leur retraite ou résigné, plus ou moins volontairement, leurs fonctions; les derniers en ont été dépouillés par la Révolution. Il y a peu d'exemples d' « exécutions » faites par les Intendants soit à leur arrivée dans la province, soit au cours de leur administration: nous avons vu, à propos de Miroudot père, comment procédait l'Intendant lorsqu'il voulait amener un de ses subdélégués à se retirer. C'était la « manière douce »; la « manière forte » ne fut qu'exceptionnellement employée. M. de Sérilly paraît avoir eu recours à cette dernière pour donner à Miroudot père la place de Salivet. Celui-ci réussit, d'ailleurs, à conserver les « détails » du commandement militaire; et peut-être n'avait-il pas perdu l'espoir de recouvrer sa place. Du moins, Miroudot semble redouter cette « concurrence », lorsqu'en 1750, il est question du départ de M. de Sérilly; et, à une lettre qu'il écrit, à ce sujet, à Malus, celui-ci répond : « Quoyque je n'imagine point que vous ayiez à craindre la concurrence de votre prédécesseur, il n'y aura pas de mal que Mme d'Argenson [une des grandes protectrices de Miroudot] dise ou écrive un mot en cas de mutation afin de couper court à toutes les solicitations ultérieures » (a). En 1754, lorsque M. de Boynes remplace M. de Beaumont, Miroudot, qui n'est pas encore tout à fait rassuré sur son sort, adresse au nouvel Intendant la lettre suivante, dont nous avons déjà cité un passage : « Monseigneur. En perdant MM. de Sérilly et de Beaumont, je perds des protecteurs qui m'ont honorés de leurs bontés, et qui les ont fait rejaillir sur mon fils en me le donnant pour adjoint. Je n'ai employé pour obtenir cet honneur qu'un désintéressement connu dans la province, qu'une aveugle obéissance à leurs ordres, et beaucoup de promptitude à les exécuter. Pourois-je, Mgr, à ces conditions, obtenir de vous une semblable grace ?... » (b).

On voit, par ce qui précède, à quel point les subdélégués dépendaient des Intendants, puisqu'ils pouvaient, à tout moment, se voir enlever leur place par ceux-ci, et combien, en particulier, était redoutable pour eux l'arrivée d'un nouveau « maître ». On s'explique ainsi les démarches que fait encore Miroudot père en 1761, bien que Salivet soit mort: il demande à M. de Boynes de vouloir bien le recommander à son successeur, M. de Lacoré, et il écrit lui-même à ce dernier une lettre de « sollicitation » (c). Son fils n'agira pas autrement en 1784: il « sollicitera », lui aussi, la faveur de M. Caumartin de Saint-Ange et fera intervenir auprès du nouvel Intendant le Maréchal de Ségur; celui-ci lui écrit, en effet, de Versailles, le 11 mai 1784: « Avant que j'eusse reçu, Monsieur, la lettre que vous m'avés écrite, j'avais déjà parlé de vous à M. Caumartin de Saint-Ange, nommé à l'Intendance de Franche-Comté; je lui avois dit ce que je savois de votre zèle et de l'intelligence que vous apportés dans les détails qui vous sont confiés, et à ces titres j'ay réclamé ses bontés pour vous; je seray fort aise si cette démarche peut vous les assurer, et je pense que vous ne négligerés rien pour les mériter » (d). La démarche du Maréchal de Ségur — et sans doute aussi la recommandation de M. de Lacoré — valurent à de Saint-Ferjeux la lettre suivante de M. de Saint-Ange: « Je suis très sensible, Monsieur, à la part que vous prenés à ma

(a) Arch. Haute-Saône, c. 206 (lettre du 15 juillet 1750).

(b) Arch. Haute-Saône, c. 208.

(c) Ibidem, c. 214 (lettres des 22 et 25 mai 1761).

(d) Ibidem, c. 227.

nomination à l'Intendance de Franche-Comté. L'ancienneté de vos services et la confiance que M. de Lacoré avoit en vous vous donnent les plus justes droits à la mienne; je serai très aise, Monsieur, d'être à portée de vous en donner des preuves dans la correspondance que je vais entretenir avec vous, et de vous procurer tous les agréments personnels qui pourront dépendre de moi » (lettre du 19 mai 1784) (a).

(a) Ibidem.

En général, un subdélégué ne changeait pas de poste : il restait à celui auquel l'Intendant l'avait tout d'abord appelé et qui était, du reste, presque toujours le lieu où habitait sa famille et où l'attachaient ses autres fonctions; car il en fut en Franche-Comté comme ailleurs: c'est sur place que les subdélégués étaient le plus ordinairement pris. Nous trouvons pourtant deux exemples de « mutation » dans l'Intendance de Besançon : de Saint-Ferjeux et Virvaux passèrent, à peu près à la même époque, le premier de Dôle à Vesoul et le second de Lons-le-Saunier à Gray; c'était, pour l'un et pour l'autre, ce que nous appellerions aujourd'hui un « avancement », mais cet « avancement » était plutôt d'ordre moral que matériel ou pécuniaire.

Que, pendant la seconde moitié du XVIIIe siècle, les subdélégués dépendissent encore exclusivement et complètement des Intendants, cela n'est pas douteux. Mais il ne faudrait pas en conclure que le pouvoir central les ignorât et se désintéressât d'eux: avec la centralisation qui existait alors, le gouvernement ne pouvait renoncer à son droit de surveillance et de contrôle sur tous les fonctionnaires qui détenaient, directement ou indirectement, une parcelle d'autorité; et les subdélégués étaient du nombre de ces « fonctionnaires ». Toutefois, les Ministres n'ont jamais correspondu eux-mêmes, d'une manière officielle, avec les subdélégués. Pour faire parvenir à ceux-ci leurs instructions ou leurs observations, leurs critiques ou leurs éloges, ils se servent presque toujours des Intendants comme intermédiaires; c'est ainsi que M. de Lacoré est amené à écrire, le 22 juin 1761, de Paris, à Miroudot père : « M. de Trudaine vient de me marquer qu'il avoit appris que les chemins de votre subdélégation étaient fort rouagés et en plus mauvais état que dans le reste de la Province, faute d'avoir été entretenus ou réparés. On lui a meme ajouté que, comme vous étiés moins zélé que vos confrères pour la réparation des chemins, le dépérissement où ils sont ne venoit que de votre faute. Il me charge en conséquence de vous recommander de faire mieux agir la corvée à l'avenir pour faire remettre ces chemins en bon état et faire exécuter les ouvrages qui vous seront indiqués par les ingénieurs des Ponts et chaussées. Je vous prie d'apporter à cet égard toute votre attention pour prévenir les plaintes que l'on pourroit renouveller à M. de Trudaine, à qui je ne laisserai point ignorer le zèle et la bonne volonté dont je suis persuadé que vous donnerés des preuves en toute occasion » (a). Parfois, mais très exceptionnellement, le Ministre faisait écrire directement au subdélégué par un de ses secrétaires: Miroudot père reçut ainsi, en 1747, une lettre qui lui avait été envoyée, de Paris, par Maboul et dans laquelle celui-ci disait qu'il « rendrait compte à M. le Chancelier » de l' « exactitude » du subdélégué (lettre du 23 juin 1747); il parvint de même, en 1768, à de Saint-Ferjeux une lettre de Frahet d'Orly, secrétaire du duc de Choiseul (lettre du 5 mai 1768). Quelques mois plus tard, il en recevait une autre qui était partie du « Palais Royal » et venait de Fontaine, « secrétaire des commandements » du duc d'Orléans; mais cette lettre, écrite sur l'ordre d'un prince du sang, avait plutôt un caractère privé; elle n'en montre pas moins qu'autour du trône, comme dans les ministères, les subdélégués étaient, au XVIII[e] siècle, connus — et « reconnus » (lettre du 10 décembre 1768) [b].

[a] Ibidem, c. 214.

[b] Ibidem, c. 204 et 218.

Inversement, il n'est pas rare qu'un subdélégué s'adresse ou envoie telles ou telles pièces, *omisso medio*, au Contrôleur général ou à tout autre Ministre. Des greffiers de subdélégation se le permettaient bien eux-mêmes; il est vrai que ces démarches pouvaient attirer à leurs auteurs de sévères remontrances (1).

Comment, d'ailleurs, le Ministère ou la Cour auraient-ils pu ignorer ou affecter d'ignorer les subdélégués? N'eurent-ils pas très souvent à s'en occuper ? Ce sont tantôt des plaintes ou des dénonciations qui visent ces agents, tantôt des propositions de l'Intendant qui tendent à leur faire accorder une gratification, une indemnité ou une pension, tantôt des pétitions qu'ils présentent eux-mêmes en vue d'obtenir une distinction honorifique ou des lettres de noblesse; et nous savons combien, à une certaine époque,

« Je dois vous prier, écrivait Ethis aîné à de Saint-Ferjeux, le 4 avril 1767, de faire des reproches très vifs à votre greffier sur ce qu'il a eu la bêtise et l'étourderie d'addresser un mémoire à M. le Contrôleur général sur un objet pour lequel il auroit pu se dispenser de recourir directement à ce ministre; il y a lieu de croire que le Sr Moussu sera à l'avenir moins jaloux et empressé d'addresser des mémoires au Ministre pour des objets qui n'en valoient pas la peine puisque, s'il avoit des doutes, il était à portée de s'en éclaircir soit ici, soit auprès de vous». (Arch. Haute-Saône, c. 218).

ces pétitions notamment étaient nombreuses. D'un autre côté, lorsque le Roi, un prince du sang, un grand personnage de la Cour ou de l'étranger, un ministre se déplacent et voyagent en province, c'est le subdélégué qui est chargé, le plus souvent, de leur procurer les chevaux de poste ou d'ordonnance, c'est lui qui règle les réceptions et organise les fêtes, c'est lui, parfois même, qui reçoit et traite les voyageurs: au mois d'août 1755, Miroudot père « donna à dîner » chez lui au marquis de Paulmy, ministre de la Guerre, qu'accompagnaient au moins « 10 maîtres et 2 à 3 premiers secrétaires »; de même, Mme Larcher d'Argenson descendait, presque chaque année, chez le subdélégué de Vesoul. De ces réceptions, très honorables, mais dispendieuses, on trouvera plus loin d'autres exemples.

N'oublions pas, enfin, que plusieurs des Intendants et des Commandants en chef, avec qui les subdélégués avaient eu des rapports souvent très étroits et qu'ils avaient maintefois reçus et hébergés chez eux, entrèrent ensuite dans les Conseils du Roi et même devinrent Secrétaires d'Etat. Presque tous restèrent en relations avec leurs anciens subordonnés, qui ne craignaient pas de s'adresser directement à eux pour en obtenir, suivant les circonstances, un conseil, une recommandation ou une faveur.

[a] Arch. Haute-Saône, c. 209 et passim (not. 204, 206 et 208, lettres des 24 sept. 1747, 16 mai 1751 et 6 mai 1754).

V. Il n'est pas douteux, d'après ce que nous venons de dire, que les fonctions de subdélégué fussent assez onéreuses; car des réceptions comme celle du marquis de Paulmy coûtaient cher. Il est vrai qu'elles n'étaient pas absolument obligatoires : c'est l'Intendant et non le subdélégué qui avait traité M. de Paulmy, à son premier passage, les 2 et 3 août 1755; et c'est encore l'Intendant qui lui aurait, à sa seconde visite, le 22 du même mois, « donné à dîner », si le subdélégué n'avait tenu à s'en charger. C'est ce qui résulte clairement de la correspondance échangée entre le premier secrétaire de l'Intendance, Auda, et Miroudot père (1).

(1) En effet, le 5 juillet 1755, le premier écrivait au second : « Pour le repas à donner à M. le Mis de Paulmy le lendemain de son arrivée, s'il n'y a personne à Vesoul qui veuille lui en faire les honneurs, M. l'Intendant aura soin d'y pourvoir ». Le 14 août suivant, autre lettre d'Auda : « Vous êtes sans doute prévenu que M. le Mis de Paulmy doit repasser le 22 de ce mois à Vesoul en retournant à Paris ; M. l'Intendant se propose de lui donner à dîner, son intention n'étant pas de vous constituer en dépense ; il envera à cet effet quelques jours auparavant des officiers, il vous prie seulement de vouloir bien lui procurer du gibier par les facilités que vous pouvés avoir et que ces officiers n'auroient surement pas ». Miroudot se croit, cette fois, obligé de prende pour lui la corvée et le sacrifice. L'Intendant s'empresse, bien entendu, d'accepter, et il fait écrire par son premier secrétaire la lettre suivante : « M. l'Intendant ne vouloit donner à dîner au Ministre à Vesoul que pour ne pas vous

Outre Mme Larcher d'Argenson, Miroudot père eut des visiteurs et des hôtes nombreux. C'est d'abord l'Intendant et sa famille. MM. de Sérilly, de Beaumont et de Lacoré sont venus presque tous les ans et souvent plusieurs fois par an chez le subdélégué de Vesoul, à l'occasion soit d'une tournée administrative, soit d'un voyage particulier. Seul, M. de Boynes préférait descendre à l'hôtel: « Je sçais, écrit Auda le 22 mars 1755, que l'intention de M. l'Intendant est de ne loger chez aucun de MM. ses Subdélégués, pour s'occuper entièrement de l'objet de sa tournée »; et, quelques jours après, il charge Miroudot de prévenir l'aubergiste de « la Croix d'Or » de l'arrivée de M. de Boynes et de ses sœurs (lettre du 25 mars 1755) (a). C'est là une exception: en général, l'Intendant accepte ou provoque même l'invitation du subdélégué, non seulement pour lui, mais encore pour les membres de sa famille ou les secrétaires qui l'accompagnent. Famille et secrétaires sont même souvent reçus à la subdélégation en l'absence de l'Intendant. Le 10 novembre 1745, Malus annonce à Miroudot l'arrivée de Mme de Sérilly pour le soir même ; Mme de Sérilly est accompagnée de Mme Salivet; mais les voyageuses ne tiendront pas à la « bonne chère », un « poulet » leur suffira: car elles auront « plus d'envie de se coucher que de manger » (b). Au mois d'août 1746, c'est le frère de Mme de Sérilly, Joly de Fleury, qui est l'hôte de Miroudot (c). Si Mme de Beaumont, se rendant, au mois d'août 1751, aux eaux de Plombières, se borne à s'arrêter, sans vouloir « rien prendre », elle accepte, au contraire, volontiers à « dîner », trois semaines plus tard, à son retour; et elle dicte son menu: ce sera le « régime des eaux, gigot et fricassée de poulet » (d). Tous les premiers secrétaires et quelques secrétaires en second ou commis de l'Intendance ont été également reçus, seuls ou avec leurs familles, par le subdélégué de Vesoul : c'est, en 1749, Malus, qui passe quelque temps à Frotey, près de Vesoul, et va souvent voir Miroudot, à la subdélégation (e); c'est, en 1754, de Bourges et David, ce dernier venu déjà à Vesoul, en 1751, avec l'Intendant (f); c'est, en 1755, Auda, et, en 1762, Focard (g); c'est à partir de 1761, Ethis l'aîné, qui sera l'un des principaux hôtes de Saint-Ferjeux, après la retraite de Miroudot (h).

[a] Ibidem.

[b] Ibidem, c. 204.

[c] Ibidem (lettre du 29 août 1746).

[d] Ibidem, c. 206 (lettres des 30 juillet, 6 et 24 août 1751).

[e] Ibidem, c. 205 (lettres des 15 juillet et 24 octobre 1749).

[f] Ibidem, c. 206 et 208 (lettres des 7 juillet 1751, 3 et 10 septembre 1754).

[g] Ibidem, c. 209 et 215 (lettres des 3 septembre 1755 et 27 avril et 16 septembre 1762).

[h] Ibidem, c. 214-220, passim.

---

constituer en dépense ; mais, puisque vous voulés absolument lui faire vos honneurs, il ne prendra aucun arrangement à ce sujet » ; il se bornera à envoyer au subdélégué un de ses « officiers », qui « se rendra à Vesoul le 20 ou 21 au matin au plus tard » (lettre du 16 août 1755) (i).

[i] Arch. Haute-Saône, c. 209.

C'est chez Miroudot, lorsqu'il a été enfin chargé des « détails » du commandement militaire, que descend aussi M. de Cursay, « maréchal des camps et armées du Roy, commandant pour Sa Majesté au Comté de Bourgogne en l'absence de M. le duc de Randan ». La première fois, en 1758, M. de Cursay s'était contenté d'écrire au subdélégué de Vesoul, sur un ton assez militaire: « Je vous prie de voir à me loger le moins mal que faire se pourra; j'auray avec moy un capitaine de la garde, M. Charles, mon secrétaire, et peut-être une autre personne que je vous prie aussi de vouloir bien loger » (lettre du 27 mars 1758); c'était ambigü: le marchal de camp voulait-il que le subdélégué le logeât chez lui ou lui trouvât un logement ailleurs ? Miroudot répondit par une invitation à accepter son hospitalité. M. de Cursay ne se fit pas prier: « Je profiteray avec plaisir, écrivit-il aussitôt, de l'offre que vous me faites de me loger chez vous; je n'auray avec moy que les personnes dont je vous ai déjà parlé » (lettre du 30 mars 1758) (a).

[a] Ibidem, c. 272.

La maison de Saint-Ferjeux ne fut pas moins hospitalière que celle de son père. Comme celui-ci, de Saint-Ferjeux reçoit l'Intendant; mais, si M. de Lacoré fut souvent son hôte, M. Caumartin de Saint-Ange usa moins de son hospitalité et le fit toujours avec une grande discrétion (1).

Ethis l'aîné et sa famille, Blanchard et Mousset viennent aussi voir de Saint-Ferjeux. En 1773, les deux derniers accompagnent M. de Lacoré; c'est Blanchard qui a « conseillé » le voyage: il s'est, dit-il, « satisfait personnellement en cherchant l'occasion d'aller voir » le subdélégué, « ainsi que sa bonne amie » (il s'agit d'une des filles de Saint-Ferjeux, Henriette). « M. l'Intendant, continue Blanchard, partira le dimanche ou lundy matin au plus tard pour se rendre de Vesoul à Oirières (lieu de villégiature ordinaire de M. de Lacoré); pour moi je resterai avec toy jusques au mardi matin; pendant que nous serons seuls, nous jaserons à notre aise... » (lettre du 2 septembre 1773) (b). Il y eut, pour Blanchard et même pour Mousset, d'autres occasions de venir à Vesoul, et d'y venir sans l'Intendant.

[b] Ibidem, c. 221.

De Saint-Ferjeux a encore comme hôtes les grands chefs militaires de la province. En 1771, le duc de Lorges, frère

(1) « Il est vray, dit-il le 7 août 1788, que j'avois le projet d'aller à Plombières passer quelques jours ; mais la maladie de M. le Mal de Vaux m'a empeché de faire ce voyage, je suis resté ici pour apprendre plus promptement de ses nouvelles. Celles arrivées hier sont plus rassurantes, et si le courrier de demain nous en apporte d'aussi bonnes, je réaliserai mon projet et partirai samedi pour vous aller demander à coucher. Vous scavez que je ne prends rien le soir, aussi faites-moi, je vous prie, grâce du souper. Le lendemain de bon matin, je continuerai ma route et vous quitterai à mon grand regret... (c) »

[c] Ibidem, c. 229.

du maréchal et commandant en second (1), se déclare très sensible à l'attention que le subdélégué a eue de les inviter, Mlle de Résie et lui, lorsqu'ils passeront par Vesoul pour se rendre à Luxeuil (lettre du 11 mai 1771). En 1778, le maréchal de Ségur, commandant en chef, qui devait être, peu de temps après, ministre de la Guerre, annonce à de Saint-Ferjeux son passage et ajoute: « J'espère que vous voudrez bien m'y recevoir comme à l'ordinaire ; je seray fort aise de vous voir et de rendre mes devoirs à Mme de Saint-Ferjeux » (lettre du 4 septembre 1778); M. de Ségur est, de nouveau, reçu à la subdélégation de Vesoul en 1780. L'année suivante, c'est le comte de Broglie, appelé au « commandement de Franche-Comte », qui accepte « avec plaisir » l'invitation du subdélégué; mais il ne veut « ni préparatifs de réception ni honneurs »; il arrivera vraisemblablement à dix heures du soir et n'aura avec lui que « son fils et M. Dubois-Martin » (lettre du 9 juin 1781). En 1782, le comte de Vaux est, à son tour, l'hôte de Saint-Ferjeux (a).

[a] Ib., c. 220, 224, 225 (lettre du 26 juillet 1780), 226 (lettre du 9 mai 1782).

Parmi les autres invités de celui-ci, citons : le comte de Scey, qui, à la date du 27 août 1776, écrit à de Saint-Ferjeux: « Je me suis trop bien trouvé chez vous pour n'avoir pas le plus grand désir d'accepter l'offre que vous voulez bien me faire; le logement que vous m'y donnez aura encore un attrait de plus en me réunissant de plus près à M. le marquis de Ségur »; — Mme de Forges, qui était alliée à M. de Beaumont (lettre du 24 août 1777), — Bouthenot, délégué du conseil de régence de Montbéliard, qui, dans une lettre du 6 avril 1782, remercie le subdélégué de Vesoul de l'accueil qu'il a reçu de lui, de Mme et de Mlles de Saint-Ferjeux; — le comte d'Ecquevilley, qui avait été mestre de camp commandant le régiment Royal cavalerie en quartier à Vesoul (lettre du 23 octobre 1785); le comte de Choiseul, qui, au bas d'une lettre du 16 janvier 1784, trace les mots suivants : « J'espère que je passerai cet été à Vesoul et que j'aurai le plaisir de vous voir en allant à Pesmes ». En 1780, de Saint-Ferjeux avait aussi invité M. de Flesselle, Intendant de Lyon, et sa femme, qui étaient venus prendre les caux à Plombières; mais l'invi-

(1) Le duc de Lorges avait obtenu, en 1765, « la survivance de la lieutenance générale » de son frère, duc de Randan, « avec le même brevet de retenue », ainsi que « le commandement sous ses ordres et en chef » ; après la mort de ce frère, survenue en 1773, il fut « continué » par le Roi « dans le commandement de Franche-Comté » (Arch. Haute-Saône, C, 217 et 221, lettres des 29 juin 1765 et 25 juin 1773). — Le duc de Randan (Guy-Michel de Durfort de Lorges) avait succédé en 1740 à Jean, Maréchal et Duc de Duras, dans les fonctions de Commandant en chef des troupes de la Province. Il devint lui-même Maréchal de France en 1768.

[a] Arch. Haute-Saône, c. 223, 227.

tation fut déclinée, M. et Mme de Flesselle devant aller coucher chez M. de la Malmaison et revenir par un autre chemin (lettre du 29 août 1780) (a).

De Saint-Ferjeux n'eut pas, comme son père, le coûteux honneur de recevoir un ministre: à la fin de 1789, Necker passa bien à Vesoul, en se rendant à Paris; M. de Schomberg et le subdélégué le virent, à son passage; mais il ne séjourna pas dans la ville, et il est peu probable qu'on ait pu « tirer parti de cette circonstance pour ramener le calme dans le bailliage », comme l'eût voulu M. Caumartin de Saint-Ange (lettre du 30 décembre 1789). De Saint-Ferjeux évita ainsi, à la veille de quitter ses fonctions, une réception qui n'eût pas manqué de le « constituer » grandement « en dépense »; mais, depuis plus de trente ans qu'il était subdélégué, il en avait eu vraiment assez d'autres, dont quelques-unes avaient même dû, bien qu'elles se fussent faites dans un cadre plus modeste, l'obliger à des frais considérables: car, le plus souvent, ses visiteurs n'étaient point seuls; ils amenaient, comme nous l'avons vu pour le comte de Broglie et M. de Lacoré, 2 et 3 personnes, parfois davantage, avec eux. En veut-on encore un exemple ? au mois de février 1770, l'Intendant et sa femme vont ensemble à Luxeuil et, en passant, s'arrêtent à Vesoul; l'Intendant emmenait son secrétaire Mousset, un valet de chambre et un laquais; sa femme était accompagnée de deux servantes et de deux laquais: tout ce monde descendit à la subdélégation. Il est vrai que le subdélégué avait cru devoir auparavant exprimer l' « espérance » de « posséder chez lui » l'Intendant et sa suite; peut-être estima-t-il, après le départ de ses hôtes, que son « espérance » s'était trop bien réalisée; mais il se garda de le dire, comme il se serait gardé de le laisser voir (c).

[b] Ibidem, c. 229.

[c] Ibidem, c. 219.

Le subdélégué ne se contente pas d'inviter et de recevoir: il fait aussi des cadeaux. Ce sont, en 1751, des « lotes admirables », pour M. et Mme de Beaumont; en 1758, un « marquacin », dont Coupladoux, maître d'hôtel de M. de Boynes, remercie Miroudot père, au nom de l'Intendant ; en 1763, de « petits saumoneaux », qui sont fort appréciés de M. de Lacoré; en 1769, un autre marcassin, pour le duc de Lorges. Les premiers secrétaires de l'Intendance ne sont pas oubliés: Malus reçoit de Miroudot père, en 1746, un « oiseau rare et d'une grande beauté », et, en 1748, des raisins; le même subdélégué envoie, en 1750, à de Bourges une « hure de sanglier » et, l'année suivante, aux deux secrétaires en chef de « magnifiques poissons »; en 1762, c'est une carpe, pour Focard. Auda n'hésite pas,

[a] Ibidem, c. 204-219, passim.

en 1761, à rappeler à Miroudot le « cadeau d'eau de cerise » promis à M. Febvre (a).

Ces cadeaux n'étaient pas, il est vrai, très dispendieux: c'était, le plus souvent, le produit de la chasse ou de la pêche soit du subdélégué lui-même, soit de ses amis ou d'administrés qui lui en avaient également fait don. Mais il y en a d'autres, qui coûtent plus cher aux subdélégués: ce sont ces nombreux achats dont on les charge et qu'on ne leur paie pas toujours, soit qu'ils n'osent en réclamer le prix, soit que d'eux-mêmes ils le refusent. La correspondance qu'ils ont laissée montre avec quelle facilité et souvent quel sans-gêne on s'adressait ainsi aux subdélégués pour leur donner les « commissions » les plus diverses. Ce qui fut, à cet égard, surtout demandé aux deux Miroudot, c'est l'envoi de raygrass, cette graminée dont, à l'exemple de l'abbé de Jéripont, ils recommandèrent et répandirent l'emploi : en 1761, Copel écrit à Miroudot pour lui rappeler qu'il a promis à M. de Boynes « de lui procurer de la graine de raygrass et de la lui adresser à Fontainebleau, à l'auberge du Cerf noir » (lettre du 17 janvier 1761) (b); Miroudot s'empresse de faire l'envoi et refuse tout paiement; c'est ainsi, du reste, qu'il agissait presque toujours; Griois, qui le savait, ne manque pas d'en profiter: il multiplie les demandes de graine et réclame, en même temps, l' « instruction »; Mousset est plus discret: en adressant, le 14 avril 1763, une nouvelle « commande » à Mirondot, il le prie de vouloir bien lui en indiquer le montant, « sans faire de cérémonie à cet égard d'aucune espèce » (c). De Saint-Ferjeux ne procéda pas, en général, autrement que son père; et pourtant les « commandes » lui arrivaient d'un peu partout : le 1er février 1767, c'est Mme de Broglie de Lameth qui lui en fait une, de Paris où elle habite « cul de sac N. D. des Champs » (d). Ces générosités, qui constituaient de véritables cadeaux, n'ont pas pour seul objet la graine de raygrass: le 11 février 1752, de Bourges remercie Mirondot père de l'envoi d'une « machine à caffé » qu'il avait prié le subdélégué de lui procurer et dont celui-ci ne veut pas accepter le prix; il dut en être de même pour le « tourne-broche » d'Ethis, pour les « mouchoirs » d'Auda, ainsi que pour les 3 ou 4 douzaines de « quocquelles de terre » demandées par Mme de Beaumont et destinées à la duchesse de Fitzjames (e). Pour les 4 tabatières « de fer battu, d'une nouvelle mode », dont « 1 ordinaire pour homme et 3 plus petites pour femme », que Miroudot avait, sur sa demande, envoyées à Petitviénet, celui-ci, sans s'informer davantage

[b] Ibidem, c. 214.

[c] Ibidem, c. 216.

[d] Ibidem, c. 218.

[e] Ibidem, c. 206-217, passim (not. 206, 207, 212, 215).

du prix que le subdélégué les a payées, lui adresse la somme de 5 livres, la jugeant suffisante (a).

(a) Ibidem, c. 213 et 214 (lettres des 25 septembre 1759 et 24 janvier 1760.

Voilà une première source de dépenses et de frais. C'est peut-être la plus importante; mais les subdélégués ont d'autres charges, qui ne laissent pas d'être elles-mêmes fort lourdes. Ce sont, d'abord, les frais qu'occasionnent des déplacements fréquents. Le subdélégué doit aller à Besançon, soit pour « faire sa cour » à l'Intendant, soit pour assister aux fêtes que celui-ci donne, soit pour traiter avec lui ou avec ses secrétaires telle affaire délicate, telle question difficile. M. de Boynes écrit, le 17 mars 1757, à Miroudot: « Ayant remarqué quelques abus dans différentes subdélégations, je ne peux y remédier qu'après en avoir conféré avec plusieurs de mes subdélégués; la difficulté de communiquer des uns aux autres les observations qui me seroient faites par écrit, m'a fait prendre le parti d'en rassembler successivement plusieurs à Besançon, pour y discuter les objets et délibérer ensemble sur les partis qui paroitroient les plus convenables et les moins sujets à inconvéniens; je vous prie de vous y rendre dimanche prochain; vous serés probablement obligé d'y rester 4 ou 5 jours; vous me ferés plaisir d'apporter en meme tems les affaires de votre subdélégation qui sont en état, mon intention étant de les toutes expédier pendant le séjour que vous ferés à Besançon, ainsi que celles qui sont dans mes bureaux » (a). Heureusement, le séjour de Miroudot à Besançon fut rarement de longue durée: car il ne descendait pas, comme on pourrait le croire, chez l'Intendant; c'est à l'auberge du « Lion Verd » que, le 23 mars, M. de Boynes le mande, par exprès, auprès de lui, à trois heures du matin (b). Lorsque Miroudot ne peut pas se rendre lui-même à Besançon, il y envoie, jusqu'en 1758, son fils, qui était son collaborateur ou son « adjoint » (c). Exceptionnellement, il se fait « dispenser » d'y aller, et Auda veut bien lui écrire que « M. de Boynes ne le trouvera pas mauvais » (lettre du 28 décembre 1758). (d). — D'autres déplacements s'imposent, plusieurs fois par an, à tous les subdélégués. Ils doivent se transporter, seuls ou avec leur greffier, pour des affaires administratives ou contentieuses, dans différentes localités de leur subdélégation ou même des subdélégations voisines. A Miroudot, qu'il a chargé de lui rendre compte de l'état des finances de la Ville de Luxeuil, M. de Boynes écrit encore : « Il est convenable de prendre une connoissance bien exacte de cette situation; c'est à quoi je vous prie de donner vôtre attention et de vous y transporter, quoique hors de vôtre subdéléga-

(a) Ibidem, c. 211.

(b) Ibidem.

(c) Ibidem, c. 206, 208, 210.

(d) Ibidem, c. 212.

(a) Ibidem, c. 204.

tion » (1) [lettre du 13 avril 1747] (a). En ce qui concerne les affaires contentieuses, les cas de déplacements ou de « transports » sont peut-être encore plus nombreux.

Il est vrai que presque toujours, en matière contentieuse et souvent en matière administrative, le subdélégué recevait des indemnités pour ses déplacements. Mais, à de rares exceptions près, il était obligé de faire l'avance des frais auxquels ces déplacements pouvaient donner lieu. Il était, d'ailleurs, de pratique courante alors que le subdélégué fît toutes les avances de fonds qu'exigeait le fonctionnement des services dont il avait la direction. C'est seulement dans des cas très rares que l'Intendant met à sa disposition certains fonds, comme, en 1761, une somme de 200 livres pour faire face, dans la subdélégation de Vesoul, aux dépenses relatives à la levée des milices, ou, en 1779, une autre somme de 210 livres, pour un objet que nous ignorons [b] (2).

(b) Ibidem, c. 215, et 225 (lettres des 25 nov. et 1er déc. 1761, 25 mai 1779).

(1) Plus tard, le duc de Lorges mandera à de Saint-Ferjeux : « Votre présence icy (à Luxeuil également) devient bien nécessaire pour la nouvelle forme d'établissement de la brigade de maréchaussée ; il ne me paroit pas possible de laisser subsister celui qui a été fait ; vous en jugerés vous même en prenant la peine de venir icy, où je ne vous propose pas de logement, en aïant vraisemblablement un atitré, mais je vous prie de ne pas manger ailleurs que chés moi » (lettre du 26 juin 1770) (c).

(c) Ibidem, c. 219.

(2) Les lettres du genre de celles qui suivent sont nombreuses dans la correspondance de l'Intendant aux subdélégués : « J'ay l'honneur de vous envoyer cy joint une ordonnance pour vous faire rembourser de ce que vous avés payé pour la voiture des armes du régiment de la Virfoille. J'ay écrit au Receveur du sel rosière à Salins de vous faire aussi payer de ce qui vous est dû pour l'envoy de messagers et à l'occasion de l'établissement d'un sol d'augmentation sur le sel rosière, il ne manquera pas de le faire » (lettre du 11 février 1749) ; — ou bien : « Je vous envoie un mandement sur la capitation de la somme de 675 livres pour vôtre remboursement des avances que vous avés faites à l'occasion du rétablissement provisoire des prisons de Vesoul » (lettre du 27 juin 1751). — Il est encore question d'avances dans des lettres adressées soit à Miroudot, soit à Saint-Ferjeux, le 21 mars 1751 (pour remise des relevés qui les concernent à des planteurs de tabac agréés par l'Intendant), les 21 janvier et 24 septembre 1755 (pour envoi d'exprès sur l'ordre ou d'après les instructions de l'Intendant), les 16 septembre et 18 décembre 1755 et 6 janvier 1757 (pour réparations aux prisons), le 21 juillet 1763 (pour des objets divers), le 7 avril 1770 (pour le « dégagement » d'un brigadier), en mars 1767 et en décembre 1775 (pour des démarches demandées par l'Intendant, mais ayant plutôt un caractère privé). Le subdélégué faisait même parfois trop facilement les avances ; dans la lettre du 18 décembre 1755, on le lui reproche : « Je vous observerai cependant, dit Auda, qu'il n'est pas régulier que vous fassiés de pareilles avances ». Le reproche paraît, malgré tout, singulier, à qui connaît les errements administratifs de l'époque et à qui sait surtout avec quelle difficulté et quelle lenteur les subdélégués étaient, le plus souvent, remboursés — très heureux encore que ces avances n'eussent pas subi, comme il arrivait parfois, le même sort que celles qu'ils avaient faites pour les achats et « commissions » dont ils étaient chargés ! (d)

(d) Ibidem. c. 204, 206, 209, 211, 216, 218, 219, 222.

Etaient-ce là les seules charges de la fonction ? Non pas: les subdélégués avaient bien d'autres frais. Ils devaient d'abord se loger : car ce qu'on appelait pompeusement l' « Hôtel de la Subdélégation » n'était qu'une maison particulière, qui renfermait à la fois les bureaux de la subdélégation et les appartements privés du subdélégué; la location en était tout entière à la charge de ce dernier. Les subdélégués devaient ensuite rétribuer leur personnel, commis et même greffier: ils le faisaient soit en lui abandonnant une part de leurs émoluments, soit en le payant de leurs deniers propres. Ils avaient aussi à entretenir les locaux, à les chauffer, à les éclairer; c'est également de leurs deniers qu'ils devaient acheter le matériel et se procurer les fournitures nécessaires. D'autre part, ils avaient un rang à tenir, chez eux et au dehors; leurs fonctions leur imposaient un train de vie qui ne laissait pas d'être onéreux, et, pour ne pas paraître inférieurs à la petite noblesse d'épée ou de robe de la ville et des environs, ils tenaient à vivre « noblement ». De là des dépenses somptuaires souvent considérables: en 1768, de Saint-Ferjeux se fait acheter, par les soins d'Ethis l'aîné, une épée du prix de 108 livres; en 1777, c'est Griois qui, sur sa demande, lui procure des « gros boutons » à 7 livres 10 sols la douzaine et des « petits » à 3 livres 15 sols, ainsi que des « jairtiers brodés » à raison de 9 livres la paire (a).

(a) Arch. Haute-Saône, c. 224 et 218 (lettres des 21 fév. 1768 et 25 avril 1777).

Voilà les principaux frais et dépenses qui incombent aux subdélégués. Pour équilibrer leur budget, de quelles ressources disposent-ils ? Il y en a, naturellement, de deux sortes: celles qui leur appartiennent en propre et celles qu'ils doivent à leurs fonctions.

En général, le subdélégué n'est pas un homme riche : il a de « l'aisance », voilà tout. La fortune de Miroudot père « n'excède pas 4 à 5 mille livres de rente », dit quelque part M. de Lacoré (b): cette fortune pourrait paraître assez élevée pour un simple particulier, car elle correspondrait peut-être aujourd'hui à une soixantaine de mille francs; mais, pour un subdélégué, elle n'était que médiocre, surtout lorsque ce subdélégué avait, comme Miroudot, une famille nombreuse.

(b) Ibidem, c. 78 (lettre au Ministre du 30 nov. 1761).

D'un autre côté, le commerce lui est interdit, comme incompatible à la fois avec ses fonctions administratives et avec la profession libérale qu'il exerce ordinairement. Il n'y a guère que l'agriculture qui puisse lui rapporter quelques avantages: car non seulement il a le droit de vendre le produit de ses terres, mais il peut, comme les deux Miroudot, faire, en quelque sorte, trafic de graines et de semences.

S'il n'a pas d'autre profession que celle d'avocat, il doit renoncer à en tirer aucun profit : il est, en effet, dans l'impossibilité morale et même matérielle de l'exercer. Par contre, il trouvera, dans l'exercice de la charge ou des autres fonctions dont il peut être pourvu, un complément de ressources toujours appréciable.

Mais ses fonctions mêmes de subdélégué, que lui valent-elles, au point de vue pécuniaire ? Parlant de ce qui se passait au XVIIe siècle et dans les premières années du XVIIIe, M. Godard dit: « Il (le subdélégué) ne recevait pas de traitement du roi: les Intendants lui attribuèrent parfois des droits sur les adjudications de travaux, les amodiations des communaux, les redditions des comptes, etc. Longtemps, le titre de subdélégué, malgré les dépenses qu'il entraînait, fut une fonction que des hommes désintéressés remplirent sans recevoir d'émoluments » (a). Le mot « longtemps » qu'emploie M. Godard, laisse supposer qu'au moins dans les derniers temps les subdélégués étaient moins « désintéressés » et recevaient des « émoluments ». — Voyons ce qu'il en était en Franche-Comté dans la 2e moitié du XVIIIe siècle.

(a) Godard, *op.cit.*, p. 24.

Dans l'ordonnance du 2 avril 1764 qui confie à de Saint-Ferjeux la subdélégation de Vesoul, il est question des « honneurs, privilèges, prérogatives, *profits et émoluments* » attachés à cette place. Quels étaient ces « profits » et ces « émoluments » ? — Nous avons déjà dit que, selon nous, les subdélégués n'eurent jamais de « traitement » proprement dit. Ce sont pourtant ses « appointements » depuis le 1er janvier 1790 « jusques et y compris le mois de juillet suivant » que réclame, à la fin de la même année, « Gabriel-Joseph Miroudot, cy-devant subdélégué de l'Intendance au Bailliage de Vesoul », et le Directoire du Département de la Haute-Saône, au vu du « procès-verbal de liquidation faite par les commissaires des trois départements de la cy devant province de Franche-Comté de Bourgogne, en date à Besançon du 10 août 1790, duquel il résulte, suivant l'énoncé au fol. y, 8°, qu'il revient au sieur Miroudot une somme de 350 livres », prend, à la date du 9 décembre suivant, l'arrêté que voici : « Par le receveur général de la cy devant province de Franche-Comté, ou par le sieur Accarier, son commis à Besançon, il sera payé au sieur Gabriel-Joseph Miroudot, cy devant subdélégué à Vesoul, la somme de 350 livres luy revenant pour appointemens en ladite qualité de cy devant subdélégué pour le tems déterminé cy dessus, ladite somme à prendre et imputer sur la part revenant au département de la Haute-Saône dans le montant des fonds de l'excédant des fourrages et destiné aux dépenses variables de l'exercice de 1788, laquelle somme de 350 livres sera allouée en dépense au receveur général dans son compte desdits fonds à rendre pour ledit exercice de 1788, en rapportant la présente ordonnance acquittée » (a). Mais il ne faudrait pas attacher trop d'importance à l'emploi du mot « appointemens » dans des textes qui, bien que la date n'en soit pas très éloignée, n'appartiennent déjà plus à l'époque que nous considérons : de lune à l'autre, un changement de régime ne s'est-il pas, d'ailleurs, opéré dans l'administration ? Tant qu'il y a eu des Intendants et des subdélégués en exercice, les « appointemens » dont il s'agit se sont appelés « gratifications » et n'ont jamais porté d'autre nom : « ... A l'égard de votre *gratification,* mande Griois à de Saint-Ferjeux le 30 décembre 1789, M. l'Intendant a écrit suivant l'usage au Ministre, et nous attendons sa réponse »; et, le 3 février 1790, M. Caumartin de Saint-Ange lui-même annonce, de Paris, au subdélégué de Vesoul l'envoi d'une ordonnance, pour *gratification,* de 400 livres accordée par décision ministérielle du 16 janvier précédent: « Je suis charmé, ajoute-t-il, d'avoir pu en cette occasion faire valoir vos services et vous prouver le désir que j'ai de vous être utile » (b). Une allocation octroyée dans ces conditions par le Ministre ne saurait évidemment constituer un « traitement », au sens que donne à ce mot la langue administrative de nos jours.

(a) Arch. Haute-Saône, L. 132, fol. 25.

(b) Ibidem, c. 229.

Or, les subdélégués, en outre des indemnités dont nous allons bientôt parler, n'ont jamais, croyons-nous, reçu autre chose, ni en Franche-Comté ni ailleurs. Mais, dnas les derniers temps, ces « gratifications » étaient devenues *annuelles*; elles furent même *fixes,* en Franche-Comté, à partir de 1774. Pour la subdélégation de Vesoul, elles s'élevèrent alors à 600 livres par an (1). Ainsi l'avait décidé M. de Lacoré. M. Caumartin de Saint-Ange le confirma, en arrivant dans la province: « Je me suis fait rendre compte de ce qui s'est pratiqué jusqu'à présent pour la distribution des *gratifications* assignées à MM. les Subdélégués sur les fonds de la partie des fourrages (ce sont, on le remarquera, les mêmes fonds que ceux dont il est question dans l'arrêté

(1) C'est sur cette base, on le remarquera, que de Saint-Ferjeux réclame ses « appointemens » pour 7 mois de l'année 1790. — Cf. Meilhac, op. cit., p. 21 sqq.

du Directoire du Département); je vois par l'état qui m'en a été mis sous les yeux que mon prédécesseur avoit fixé à 600 livres celle qui vous étoit relative; je me suis décidé à la laisser subsister sur ce pied pour la première année 1784; vous trouverés ci joint une rescription de cette somme, je vous prie de m'en accuser réception » (lettre du 29 décembre 1784). En accusant réception, conformément à l'instruction qui lui en avait été donnée, et en remerciant l'Intendant de cette « rescription », de Saint-Ferjeux osait faire observer que si, comme il l'avait « toujours oui dire », la « gratification » était « relative à l'étendue du département, à l'ancienneté du subdélégué, au zèle et à l'exactitude », il pouvait se croire fondé à espérer que la somme qui lui avait été allouée jusqu'alors serait augmentée (a).

(a) Arch. Haute-Saône, c. 227.

Ces textes confirment, semble-t-il, suffisamment, notre thèse pour qu'il ne soit pas utile d'insister. Mais il ne sera peut-être pas mauvais d'ajouter encore quelques mots sur les « gratifications » dont il s'agit. Ce n'est qu'à partir de 1774, avons-nous dit, qu'elles devinrent annuelles et fixes: auparavant, elles n'étaient soumises à aucune règle. En 1756, Miroudot père reçoit, des mains de Charbonnel, « caissier de l'imposition des fourrages de Franche-Comté », la somme de 400 livres, qui lui a été accordée, en sa qualité de « subdélégué de M. l'Intendant à Vesoul », suivant « l'état arrêté » par M. de Boynes le 8 janvier de ladite année, « en conséquence d'autre état de la Cour du 16 février 1755, et ce pour gratification extraordinaire, en considération des soins et des dépenses « que lui ont occasionnés plusieurs affaires » dont il a été « chargé pour le service » pendant l'année 1755 (b). A la fin de 1759, une nouvelle « gratification extraordinaire » est allouée à Miroudot ; celle-ci s'élève à 500 livres [c] (1). C'est la même somme que le subdélégué de Vesoul obtient, en 1762, « pour gratification sur le revenant bon de l'excédant des fourrages de 1760 à 1761 »; toutefois, la « rescription sur le receveur des finances » que lui envoie Focard, n'est que de 491 l. 13 s. 4 d., parce qu'une retenue de « 4 deniers pour livre » doit être faite par le « trésorier de l'extraordinaire des guerres », Gérard de Vienney, chargé d'acquitter la somme en question (d). En 1764, nouvel envoi par Focard à Miroudot père d'une « rescription » de même somme, « pour le montant de la gratification accordée pour l'année der-

(b) Ibidem. c. 210 (lettre du 9 janvier 1756).

(c) Ibidem, c. 215, (lettre du 19 déc. 1759).

(d) Ibidem, c. 215 (lettre du 11 janvier 1762).

(1) La quittance du subdélégué indique que cette « gratification » lui a été accordée « en considération des soins et des dépenses que lui ont occasionnés plusieurs affaires dont il a été chargé pour le service pendant l'année 1759 » (c'est la même formule).

nière, déduction faite de la retenue des 4 d. pour livre » (b). Plus tard, cette retenue n'est plus opérée; il n'est déduit, le cas échéant, du montant de la gratification que le prix des achats faits, par tel ou tel secrétaire de l'Intendance, pour le compte du subdélégué: c'est, par exemple, en 1768, une somme de 108 livres, coût d'une épée, et en 1782, une autre somme de 2 l. 5 s., prix d'une carte de Gibraltar (c). Les gratifications continueront, d'ailleurs, à être payées sur « les fonds de la partie » ou le « revenant bon de l'excédant » des fourrages; elles le seront en vertu d'une décision prise par le Ministre sur la proposition de l'Intendant (d).

(b) Ibidem, c. 217 (lettre du 19 janvier 1764).

(c) Ibidem, c. 218 et 226 (lettres des 21 février 1768 et 4 déc. 1782).

(d) Ibidem, c. 229 (lettres des 30 déc. 1789 et 3 fév. 1790).

D'autres « gratifications », d'un caractère plus spécial, ont été également accordées, de temps à autre, aux subdélégués. Le 5 avril 1774, Griois écrit à de Saint-Ferjeux : « Je vous préviens avec bien du plaisir que j'ay mis sous les yeux de M. l'Intendant le tableau des opérations dont vous avés été chargé au sujet de la disette des grains pendant les années 1770 et 1771 et que ce Magistrat en a rendu compte à M. le Controlleur Général qui a approuvé qu'on vous donnat pour cet objet une gratiffication de 800 livres dont je viens de faire expédier l'ordonnance de payement sur M. Godin, caissier des amendes, qui vous en fera toucher le montant et à qui vous en addresserés votre quittance; je suis charmé que cette occasion m'ait procuré le plaisir de faire quelque chose qui vous soit agréable...» (e).

(e) Ibidem, c. 221.

Il y a aussi les « indemnités », appelées parfois également « gratifications », qui sont à la charge des « communautés ». Le 3 février 1757, Copel fait savoir à Miroudot père que, « sur les représentations » qu'il a « faites à M. l'Intendant » que les « opérations » relatives à la vérification des comptes d'échevinage exigeaient de la part du subdélégué « la plus grande exactitude et un travail assidu auquel les autres occupations attachées à ses fonctions » ne lui « permettroient pas » de se « livrer sans le secours de quelqu'un », M. de Boynes « a jugé convenable », pour « dédommager » Miroudot des « dépenses » qu'il pourroit « être obligé de faire à cette occasion », de lui accorder « une rétribution de trois livres par chaque communauté pour la revision des comptes, soit qu'il y ait deux échevins ou qu'il n'y en ait qu'un »; le subdélégué peut prévenir les échevins, « avant de présenter leurs comptes, d'y porter en dépense ladite somme de trois livres que M. l'Intendant leur allouëra sans difficulté ». Miroudot s'empresse de remercier le secrétaire de l'Intendant, qui lui répond, le 22 du même mois : « Je suis très sensible aux remerciemens que vous avés bien voulu me renouveller au sujet de la petite *gratification* que M. l'Intendant a accordé (*sic*) pour l'examen des comptes... » (a). — Le 19 février 1760, c'est Auda qui écrit à Miroudot: « Le Magistrat de Faverney ne peut pas refuser de vous faire payer les frais du voyage que vous avés fait en dernier lieu dans cette ville en conséquence des ordres de M. l'Intendant, et je ne crois pas qu'il fasse aucune difficulté à cet égard ». Mais, à la fin de la même année, c'est un autre son de cloche : « ... Je conviens, dit Auda, que la revision des comptes des 10 dernières années du Magistrat de Vesoul vous a fort ennuyé et qu'elle vous a donné beaucoup d'ouvrage; j'ignore si MM. vos Confrères ont eu quelques honnoraires des Villes pour ces mêmes opérations, mais je sçais que M. l'Intendant n'en a jamais eü connoissance et que son intention n'a jamais été de l'approuver; je me souviens que, sur les représentations que fit à ce sujet M. votre fils, il y a quelque tems, M. Copel en rendit compte à M. l'Intendant qui lui déclara qu'il ne seroit pas convenable de donner des *gratifications* à MM. les Subdélégués pour ce travail extraordinaire; j'ai pensé, d'après cette décision, qu'il seroit inutile de rien proposer d'avantage à M. l'Intendant pour cet objet; si vous désirés cependant que je lui rende compte de la lettre que vous m'avés fait l'honneur de m'écrire le 19 de ce mois, je le ferai certainement avec bien du plaisir » (b). Nous ne chercherons pas à concilier la « décision » dont parle Auda dans cette lettre avec celle que le même Intendant avait prise en 1757 et dont Copel avisait le subdélégué: il y a, dans l'administration de l'ancien régime, de nombreux exemples de ces variations; les « précédents » n'avaient pas alors l'empire qu'ils ont eu depuis, dans les choses administratives: on en tenait moins de compte, et par suite on les redoutait moins. Mais nous avons une autre constatation à faire, qui se rapporte plus directement à notre sujet: c'est que la plupart des avantages pécuniaires dont jouissait un subdélégué n'avaient rien de fixe, ni même de certain.

(a) Ibidem, c. 211.

(b) Ibidem, c. 214.

Il en était ainsi plus spécialement des profits accidentels que pouvait rapporter au subdélégué la suppléance d'un « confrère » ou d'un autre fonctionnaire, tel que le commissaire des guerres du même « département ». Par le passage suivant d'une lettre qu'Auda écrivait, le 18 février 1758, à Miroudot, on peut juger non seulement du caractère aléatoire, mais encore de l'insuffisance de ces avantages: « Vous ne devés pas douter que je n'aye été très satisfait de l'arrangement que M. l'Intendant a fait à votre égard pendant la vacance de la place de subdélégué à Lure, puisqu'il vous dédommagera *en partie* des frais que vous serés obligé de faire d'un autre côté... » (a).

(a) Ibidem, c. 212.

Il y avait, au contraire, plus de régularité dans les « honoraires » que le subdélégué recevait pour les opérations du tirage de la milice ou des soldats provincieux. En 1785, ces « honoraires » étaient taxés par l'Intendant à 20 livres par « journée de campagne », pour le subdélégué et son greffier: l' « état de la dépense relative au dernier tirage des soldats provincieux », que M. Caumartin de Saint-Ange envoie, de Paris, à de Saint-Ferjeux, le 20 août 1785, et qui se monte à la somme totale de 1303 livres, se décompose, en effet, comme suit : 1° pour 158 soldats provinciaux, à 5 livres l'un, 790 livres; 2° pour les journées des brigades de maréchaussée de Vesoul, d'Arcey, de Lure, de Luxeuil et de Jussey, au total, 145 livres; 3° pour les journées du chirurgien Genevrey, 18 à 6 livres, au total, 108 livres; 4° pour 13 journées de campagne, M. de Ferjeux et son greffier, à raison de 20 livres l'une, au total, 260 livres. On voit qu'à les comparer à ceux des médecins ou chirurgiens, les « honoraires » du subdélégué pouvaient paraître élevés; mais il n'est pas douteux que, dans ces « tournées », le subdélégué avait plus de frais que les hommes de l'art (b).

(b) Ibidem, c. 227.

Tous les avantages dont nous avons parlé jusqu'ici constituaient une « rémunération » destinée soit à indemniser le subdélégué de ses dépenses, soit à le récompenser pécuniairement de ses peines (1). Mais, à côté des « profits » de ce genre, il en existait d'autres, qui ne répondaient ni à une dépense ni à un travail déterminé. Ce sont, d'abord, les « faveurs » que le subdélégué obtient de l'Intendant: « Vous ne devés pas douter, écrit, le 19 novembre 1754,

(1) On lit dans les « Remontrances » du Parlement de Besançon, du 9 août 1755: « Les subdélégués de Franche-Comté prennent part à l'excédent des fourrages; et nous n'apercevons pas quel peut avoir été le prétexte de cette surcharge. Nous savons que par des Edits du mois d'avril 1704 et janvier 1707, les subdélégués et leurs greffiers furent créés en titre d'offices, qui dès lors ont été supprimés; nous savons aussi que la finance de ces offices a été remboursée par la Province. Nous savons que les subdélégués ont 3 livres pour vérifier les rôles de chaque communauté, 3 pour reddition des comptes, 100 sols par chaque milicien, des journées de campagne, des commissions, et d'autres choses qui leur tiennent lieu d'appointemens et gages suffisants, sans qu'il leur soit nécessaire de recourir à l'excédent des fourrages ». - Indiquons également que les « Etats » accordaient parfois aux Subdélégués, comme aux Intendants et aux secrétaires ou commis de l'Intendance, des gratifications annuelles : le subdélégué de Marsan touchait ainsi 70 livres des « Etats des bastilles de Marsan, Tursan et Gabardan » ; un autre subdélégué reçut, en 1778, 1000 livres des « Etats de Bresse » (Ardascheff, op. cit., p. 431-432 et références).

Auda à Miroudot père, que M. l'Intendant (M. de Boynes, qui venait d'arriver dans la province) ne soit aussi porté que M. de Beaumont à donner à MM. ses Subdélégués des marques de bontés; et je suis persuadé qu'il leur donnera toujours la préférence dans la distribution des graces autant que les circonstances le lui permettront, et un refus en ce cas n'auroit rien de désagréable pour celui qui auroit demandé la grace. Ainsi, Monsieur, je pense que vous pouvés avec confiance vous addresser à lui et lui présenter vos requetes pour la plantation de tabac de l'année prochaine » [a] (1).

(a) Ibidem, c. 208.

La lettre suivante de Griois à de Saint-Ferjeux a trait à une « grâce » plus importante : « Je vous envoie cy joint, mon cher amy, l'ordonnance de remboursement que vous m'avés demandé (*sic*), au moyen de quoy tout est terminé sur l'objet que vous réclamiés à l'égard de l'ordonnance pour *la décharge de vos impositions* » (lettre du 4 mars 1766) [b].

[b] Ibidem, c. 208-211.

Une autre faveur dont le subdélégué jouit, mais qu'il tient d'une ordonnance royale, c'est la franchise postale. Toutefois, cette franchise ne s'étend pas à toute la correspondance du subdélégué: elle est restreinte à celle que cet agent entretient soit, dans la province, avec l'Intendance ou le Commandement militaire, soit, au dehors, avec la Cour ou le Ministère. A l'Intendance, le subdélégué n'a même pas la franchise avec tous les secrétaires; seuls, en effet, peuvent recevoir des plis non affranchis, l'Intendant et le premier secrétaire: le 10 octobre 1761, Griois envoie à Miroudot père et, sans doute aussi, aux autres subdélégués de la province « l'état des affaires ressortissant à son bureau », afin, leur dit-il, « que vous veuillés bien m'addresser

(1) Et, en effet, à une demande de cette nature que lui avait adressée Miroudot, M. de Boynes répond personnellement : « Vous avés raison d'être persuadé que je ne serai pas moins porté que M. de Beaumont à donner à mes subdélégués (l'identité des termes avec la lettre précédente prouve, toutefois, que celle-ci n'a pas été rédigée par l'Intendant et que Auda est le rédacteur des deux lettres) des marques de la satisfaction que j'aurai de leur travail ; je désire de vous en donner des preuves dans la distribution que je dois faire des permissions de planter du tabac l'année prochaine, malgré la multiplicité des requêtes qui me sont présentées » (lettre du 26 novembre 1754). L'année suivante, Auda écrit encore : « Il n'y auroit aucun exemple de la permission que vous demandés de faire conduire vos tabacs dans des tonnes, que vous seriés toujours sûr de l'obtenir : je me garderai bien de vous la faire valoir, je voudrois être à même de vous procurer des graces d'une autre nature que celle-là ; je l'ai expédiée en l'absence de M. l'Intendant affin que vous puissiés faire conduire vos tabacs aussitôt que vous pouvés désirer » (lettre du 16 juillet 1755). De même : « J'aurois été fort aise, dit M. de Boynes, de pouvoir vous adresser d'autres marques de la satisfaction que j'ai de vos services, que celle dont vous m'avés remercié » (lettre du 26 janvier 1757).

la chose publique. Il mourut à Vesoul le 30 prairial an XI (19 juin 1803), à l'âge de 75 ans (a).

Il avait, dit Ardascheff, publié « un certain nombre de mémoires sur l'agriculture, la statistique et l'histoire de sa région » (b). C'est un peu vague; précisons. « On a de lui, écrit M. Finot, un essai sur l'agriculture dans le Comté de Bourgogne, une étude historique sur la ville de Vesoul, une description statistique des villages du bailliage d'Amont, enfin un état servant à constater les récoltes et la quantité de bestiaux dans la subdélégation de Vesoul en 1784 » (c). Il y a, dans les lignes qui précèdent, quelques erreurs et des omissions: l'état relatif aux récoltes et bestiaux n'est pas de 1784, mais de 1778: c'est cette dernière date qui lui est donnée dans le « Recueil de pièces en prose et en vers concernant la ville de Vesoul » dont Jean-François Melchior Fonclauze, de Luxeuil, est l'auteur (ce Recueil porte lui-même la date de 1782) (d); l'étude sur Vesoul ou, plus exactement, l' « Essai historique ou mémoire pour servir à l'histoire du ressort de Vesoul », qui fut « présenté au concours de l'Académie de Besançon pour le prix de littérature de l'année 1769 », est de Miroudot de Geney, « ancien maire et lieutenant de police de Vesoul », et non du subdélégué de la même ville (e) : le nom de » Miroudot du Bourg », donné à l'auteur de l' « Essai » par Fonclauze, ne doit tromper personne, car, en 1782, il appartenait également aux deux cousins et était plus communément porté par l'ancien maire que par le subdélégué. L' « Essai » sur l'agriculture date de 1762; il fut suivi, en 1774, d'un autre ouvrage intitulé « Conseils d'un laboureur sur les engrais d'après son expérience et ses succès » (f).

Un des frères de Saint-Ferjeux s'était, comme lui, occupé spécialement d'agriculture et avait, lui aussi, écrit sur cette matière plusieurs ouvrages, notamment un mémoire sur le raygrass ou faux seigle, qui fut publié, en 1760, à Nancy, après avoir été couronné par l'Académie de cette ville. Ce frère était Jean-Baptiste Miroudot, plus connu sous le nom de « l'Evêque de Babylone ». Né à Vesoul le 10 novembre 1717, il était entré dans les ordres et avait adopté la règle de Citeaux. Il fut d'abord moine à Morimond, puis il devint abbé de Jéripont. Il avait cette qualité lorsqu'il fut, de la part d'une veuve Dumotier, marchande de raygrass à Lyon, l'objet d'une plainte dont M. de Lacoré fut saisi et qui donna lieu à la lettre suivante, adressée par l'Intendant au subdélégué de Vesoul, père de l'abbé : « ... Quelque porté que je sois à croire que M. votre fils soit dans l'intention

(a) Arch. mun. Vesoul, Reg. décès 1803.

(b) Ardascheff, trad. Jousserandot, *op. cit.*, p. 180.

(c) Inventaire des Arch. de la Haute-Saône, Introd. au tome IV.

(d) Bibl. mun. de Besançon, Man. 1075.

(e) Ibidem et Fonds de l'Académie, folio 211.

(f) Papiers de famille.

directement *sous le couvert de M. de Lacoré* celles qui me concerneront », — le 29 décembre suivant, il demande à Miroudot du raygrass pour un ami et prie le subdélégué de Vesoul de lui en faire l'envoi *sous double enveloppe*, « de façon que cela ne puisse pas être soupçonné », ou bien, « comme le directeur de la poste est extrêmement tracassier et que cela pourroit se découvrir », d'attendre une occasion, — le 1er du même mois, c'est Ethis qui, de son côté, invitait les subdélégués, avec prière d'en avertir les « magistrats du département » et les autres intéressés, à lui « adresser directement et *sous le couvert de M. l'Intendant ou de M. Focard, son confrère* », tout ce qu'ils auraient « de relatif aux parties qui lui étaient confiées », — le 21 janvier 1762, Griois renouvelle sa recommandation de mettre les plis « sous double enveloppe, la première à son adresse et la seconde à celle de M. de Lacoré », — le 24 juin suivant, Ethis rappelle à Miroudot que les lettres et paquets concernant son service doivent lui parvenir « sous le couvert » de son confrère Focard, — de même, le 2 octobre, Blanchard recommande au subdélégué de Vesoul de lui envoyer certaines pièces « directement sous l'enveloppe de M. Focard »... Il est inutile de multiplier les exemples et les preuves; bornons-nous à citer encore ce fragment d'une lettre écrite, le 1er décembre 1772, à de Saint-Ferjeux par Ethis, qui venait de quitter les fonctions de premier secrétaire pour reprendre « l'exercice de sa charge de commissaire provincial des guerres »: « J'ai la franchise de mes ports et papiers jusqu'au 1er février » (a). Par contre, les subdélégués ne bénéficiaient de cet avantage ni avec leurs « confrères », ni avec les chefs de service résidant à Besançon: « Quand vous me ferés l'honneur de m'écrire, lisons-nous dans une lettre de Brun à Miroudot du 1er février 1763, je vous prie de mettre la lettre sous l'enveloppe de M. l'Intendant, n'ayant pas le port franc », — et Querret, ingénieur en chef, écrit, le 22 janvier 1762, au même subdélégué, pour le prier de lui adresser les plis ou paquets relatifs à son service « au nom de M. Focard, avec la simple mention Ponts et Chaussées » (b).

(a) Ibidem, c. 214, 215 et 220.

(b) Ibidem, c. 215 et 216.

Mais toutes ces lettres, en même temps qu'elles signalent la difficulté, indiquent le moyen de tourner celle-ci: on peut, « sous le couvert » de l'Intendant ou du premier secrétaire, faire passer librement lettres et paquets. Tout dépend donc de la complaisance de l'un ou l'autre intermédiaire. Or, cette complaisance est, en général, pour les subdélégués notamment, aussi large que possible: « Je prens sur moi, dit Auda dans une lettre à Miroudot du 3 janvier

1756, d'engager M. l'Intendant à permettre que vous fassiés passer sous son couvert le Journal œconomique dont vous me faites l'honneur de me parler, et vous pouvés écrire en conséquence à Paris, on ne peut qu'approuver votre objet »; et, un peu plus tard, il écrit au même : « Vous pouvés disposer de mon couvert toutes les fois que vous en aurés besoin » (lettre du 8 juillet 1758); à peine arrivé à Besançon, Focard fait, à son tour, savoir à Miroudot qu'il aura la faculté de disposer de l' « adresse » du nouveau premier secrétaire pour « faire venir toutes les lettres et les livres » qu'il « tire des Sociétés de Bretagne, de Nancy et de Suisse » avec lesquelles ses travaux en matière d'agriculture le mettent en relations (lettre du 5 avril 1761) [a]. C'était, incontestablement, en ce sens, un abus, et cet abus était d'autant plus grand que la franchise postale, pour les Intendants et les premiers secrétaires, s'étendait, comme nous venons de le voir, à toute la France et même, dans une certaine mesure, à l'étranger; les Intendants en jouissaient, d'ailleurs, où qu'ils se trouvassent, dans leur province, à Paris, à Versailles ou ailleurs. D'autres abus se commettaient, en même temps, dans des sens différents : ce n'est pas seulement à la complaisance de l'Intendant ou du premier secrétaire, c'est encore à celle des subdélégués eux-mêmes qu'on avait trop facilement recours. Le 21 août 1748, Boutin (de Diencourt), directeur des fermes, écrit à Miroudot: « Je sçais que vous avés eu lieu d'être sensible à une impolitesse du sieur Baulard [contrôleur du tabac à Vesoul] et qu'il se pourroit faire que vous eussiés refusé de vous charger des lettres et paquets qu'il m'envoye; mais comme la voye de la poste seroit trop dispendieuse pour moy, pris égard à la correspondance que j'entretiens avec tous les commis de la ferme, je vous prie instamment de trouver bon que ledit sieur Baulard vous remette les lettres qui me sont adressés et les mettre dans les paquets que vous envoyés à M. Malus, comme aussi de vouloir bien permettre qu'il fasse prendre chés vous les lettres que je lui adresseray par l'Intendance sous votre enveloppe » (b); et ce procédé n'était pas spécial au service des fermes: la plupart des autres services, celui des ponts et chaussées, par exemple, l'employaient dans les mêmes conditions. Secrétaires en second et simples commis de l'Intendance en faisaient, de leur côté, le même usage, qu'il s'agît d'affaires administratives ou privées: Griois voudrait ainsi recevoir en franchise le raygrass qu'il demande à Miroudot, et Blanchard s'attire, de la part d'Auda, pour un fait analogue, un « avertissement » dont le subdélégué est informé en ces termes :

[a] Ibidem, c. 210, 212, 214.

(b) Ibidem. c. 204.

« L'avertissement que j'ai donné à M. Blanchard suffira pour l'empêcher de disposer à l'avenir de mon couvert, surtout pour des paquets qui ne sont pas faits pour venir par cette voye » (lettre du 25 février 1758) [a].

(a) Ibidem, c. 212.

On comprend que le Roi ait essayé de mettre un terme à tous ces abus. En 1762, il fait connaître à l'Intendant ses « intentions »; et l'Intendant s'empresse de les porter, par l'intermédiaire de son premier secrétaire, à la connaissance des subdélégués.

« L'intention de Sa Majesté, écrit Focard, est que la correspondance de toutes les affaires qui n'appartiennent pas à son service relativement à l'Intendance, telles que Extraordinaire des Guerres, Maréchaussée, Vivres, Etapes, Hôpitaux, Receveurs des tailles, etc., soient assujetties au port des lettres, sans que la taxe qui en sera faite puisse être éludée sous quelque prétexte que ce soi... L'intention de Sa Majesté est aussi qu'il ne soit renfermé sous le couvert des Subdélégués et des Commissaires des guerres aucunes lettres et papiers étrangers aux affaires de l'Intendance... Je vous prie, comme chargé des ordres de M. de Lacoré, de vous conformer exactement aux instructions de Sa Majesté afin qu'il ne revienne aucune plainte au Ministre à cet égard » (circulaire du 11 juin 1762) [b]. Mais les ordres du Roi ne concernaient ni les Intendants ni les premiers secrétaires ; ce qui permit à Focard de faire, presque aussitôt, écrire, par Blanchard, à Miroudot: « M. Focard me charge de vous mander que vous pouvés continuer à faire adresser sous son couvert les livres que vous faites venir sur l'agronomie » (lettre du 10 juillet 1762) [c].

(b) Ibidem, c. 215.

(c) Ibidem, c. 215.

M. de Lacoré donna une autorisation plus large encore aux parents de son secrétaire Mousset. L'affaire, qui intéressait également les subdélégués, mérite d'être rapportée. Le père de Mousset, greffier au Parlement de Paris, et ses frères, dont l'un avait été premier secrétaire de l'Intendance de Dijon, avaient formé entre eux une société « pour le recouvrement à Paris de toutes rentes, pensions ou autres revenus des tiers » et notamment des rentes sur les salines de Franche-Comté; avec la recommandation de M. de Lacoré, qui n'avait pas voulu sans doute la refuser à son secrétaire, ils s'adressèrent aux Subdélégués et aux Receveurs des Impositions de la province, pour s'en servir à la fois comme d'intermédiaires et d'agents; la franchise postale qu'avait l'Intendant fut, en outre, mise à leur disposition, et ils en usèrent largement: « Je vous prie, écrivent-ils une première fois à de Saint-Ferjeux, de vouloir bien me faire parvenir vos lettres et paquets cachetés, *pour en éviter le port*, sous double enveloppe, dont la dernière sera à l'adresse de M. de la Corée, Intendant de Franche-Comté, rue des Petites Ecuries du Roi à Paris »; et, l'année suivante: « Je n'ai pas cru, dit l'un d'eux, devoir insérer dans l'avis (il s'agit d'un « imprimé-réclame ») que MM. les rentiers pouvoient m'adresser leurs procurations et leurs titres sous le couvert de M. de Lacoré, *pour ne pas rendre trop publique cette facilité qu'il veut bien m'accorder* », mais il y aura lieu, ajoute le correspondant de Saint-Ferjeux, de le leur faire savoir « et de les prévenir que je leur ferai repasser leurs titres *sous votre couvert, sans frais de port* » (a). Les protégés de l'Intendant faisaient, on le voit, bon marché des ordres donnés par le Roi dix ans plus tôt, et il eût été difficile, on en conviendra, de mieux favoriser la fraude que ne le faisait lui-même le Commissaire départi pour la répression des abus en province.

(a) Ibidem, c. 226 et 227 (lettres des 17 juillet 1782 et 14 mai 1785).

Les cas semblables avaient dû se multiplier. Le Conseil crut pouvoir porter, dans une certaine mesure, remède à cet état de choses en rendant, le 12 août 1787, un arrêt qui retirait à toute personne, « à l'exception des celles dénommées ou désignées dans les états arrêtés par Sa Majesté », le « droit d'affranchir les lettres ou paquets par la voye du contreseing et de les recevoir par la poste francs de port » (1).

Un autre avantage dont bénéficiaient les subdélégués et peut-être leur famille, c'est la gratuité totale ou partielle des transports pour se rendre dans telle ou telle localité de leur circonscription, au chef-lieu ou dans une autre partie de la province. Les subdélégués pouvaient, en particulier, se servir des « chevaux d'ordonnance »; ils parta-

(1) En communiquant à ses subdélégués cet arrêt et une lettre du Ministre qui en avait accompagné l'envoi, M. de Saint-Ange disait; « Vous remarquerés que toutes les lettres au-dessous du poids d'une once, quoique contresignés, même provenant des bureaux des Ministres, sont sujettes à la taxe, à moins qu'elles ne soient contresignés de la main de ceux à qui le contreseing est accordé, et qu'à l'égard des paquets au-dessus de ce poids, ils vous parviendront francs lorsqu'ils seront contresignés de mes bureaux. Vous voudrés bien prévenir toutes les personnes qui peuvent avoir des relations pour le service de n'adresser aucunes lettres, paquets ni affaires directement aux chefs de mes bureaux, parce qu'ils seroient obligés de les renvoyer à la poste ; mais ils peuvent user de mon couvert pour les leur faire parvenir. Cette facilité est également conservée à la maréchaussée, au trésorier des troupes, aux ingénieurs des ponts et chaussées, aux commissaires inspecteurs et sous-inspecteurs des haras ; mais tous autres absolument quelconques ne peuvent sous aucun prétexte user de cette voye, et je vous prie de ne vous prêter à aucune complaisance à ce sujet, ne pouvant tolérer aucun abus sur le service » (circulaire du 24 octobre 1787) (b). Tel était, pour les subdélégués comme pour les autres intéressés, le dernier état du droit avant la Révolution, en matière de franchisse postale.

(b) Ibidem, c. 228.

geaient cette faveur avec les secrétaires de l'Intendance : le 5 septembre 1763, Blanchard renvoie à Miroudot père, pour être visés, plusieurs ordres concernant les « chevaux d'ordonnance « employés, dans leurs voyages, par Ethis et Griois »; le même Blanchard ne se gênait pas, d'ailleurs, pour faire bénéficier sa famille d'une faveur à laquelle il ne pouvait régulièrement prétendre que pour lui-même: « Permettés-moi, écrivait-il le 25 septembre 1760 au subdélégué de Vesoul, de vous prier de donner des ordres à l'entrepreneur des chevaux d'ordonnance de préparer deux chevaux pour la chaise de mon frère qui doit arriver à Vesoul le premier octobre environ le midy ». Le fils de M. de Launay, subdélégué de Lure, obtient, en 1764, la même faveur, sur l'intervention de Blanchard encore: « Je vous prie, mande-t-il à Miroudot, de vouloir bien donner à M. de Launay fils, qui aura l'honneur de vous remettre une lettre, les secours et facilités qu'il vous demandera pour se faire conduire le même jour à Luxeuil où il est nécessaire qu'il arrive demain »; trois chevaux lui suffiront sans doute; Miroudot devra donc « lui expédier un ordre pour cette quantité gratis, en mettant que c'est pour un officier de dragons » (lettre du 9 février 1764) [a].

(a) Ibidem, c. 214, 216, 217.

C'étaient là des avantages plus ou moins réguliers, mais avouables et avoués. Les subdélégués tirèrent parfois de leurs fonctions d'autres profits, moins licites et plus discrets. Nous ne voulons pas parler des cadeaux ou présents qu'ils pouvaient recevoir de leurs administrés: ils n'avaient pas plus à se cacher pour les accepter que pour en offrir eux-mêmes. Il n'y avait rien, non plus, de proprement répréhensible, étant surtout données les mœurs administratives de l'époque, dans le fait de se servir plus ou moins de ses fonctions pour « placer » de la graine de raygrass ou « représenter » la « banque » Mousset père et fils. Mais d'autres actes — abus ou exactions — ont été reprochés à certains subdélégués, notamment à Ethis cadet, qui n'aurait fait que suivre en cela l'exemple de son frère aîné et de plusieurs autres secrétaires en chef de l'Intendance. Nous ne possédons toutefois aucune preuve certaine de ces actes coupables; même au sujet d'Ethis l'aîné, de Blanchard et de Griois, M. Ardascheff se borne à dire qu'ils étaient « accusés *par la rumeur publique* de s'être enrichis scandaleusement » et à citer cette lettre extraite des « Mémoires secrets » et portant la date du 30 mai 1784: « Nous voilà débarrassés de notre Intendant, qui auroit eu envie de rester encore deux ans pour nous pressurer: on n'a pas jugé à propos de lui accorder ce répit. Dieu veuille que son successeur n'ait pas de secrétaires aussi rapaces! Le sieur Ethis, le secrétaire de l'Intendance pendant plusieurs années, avoit commis des exactions si criantes que M. de La Coré fut obligé de le sacrifier; mais ce subalterne, qui tenoit un état pareil à celui de son maître, n'en a pas moins emporté un million à la province. A cet Ethis avoit succédé un nommé Blanchard, qui n'avoit rien et auquel on connoit aujourd'hui au soleil 600.000 livres de biens. Enfin, le nommé Grivois (lisez: Griois), friponneau qui commençoit à s'arrondir, avoit déjà gagné pour sa part 200.000 livres. Ainsi voilà de bon compte un million huit cents mille livres que ces trois suppôts du Commissaire départi coûtent à la Franche-Comté, une des provinces les plus pauvres du royaume » (a). Quelle valeur faut-il attribuer à ces graves accusations ? Qu'elles soient suspectes, cela n'est pas douteux: l'appréciation portée sur M. de Lacoré, qui jouissait de l'estime générale et dont le départ fut vivement regretté dans toute la province et particulièrement à Besançon (b), suffirait à leur donner ce caractère. On doit pourtant convenir qu'au moins en ce qui concerne Ethis, d'autres accusateurs se sont levés pour lui reprocher les mêmes faits: au bas d'une page de l' « Essai sur le Commerce de Franche-Comté », ouvrage écrit en 1755 par l'avocat Chevillet, de Gray, et publié en 1906 seulement par M. Godard, dans « le Bulletin de la Société grayloise d'Emulation », un officier du régiment de Royal cavalerie, qui était en garnison à Vesoul en 1777, M. Servier, a, sur le manuscrit même, tracé ces mots: « Ce c... d'Ethis a fait sa fortune en vendant la permission de mener des cochons en Suisse, à raison de trois livres par porc » (c). Si l'on rapproche ces textes de la note adressée, une soixante d'années plus tôt, par M. de Boudeville, lieutenant du roi au château de Joux, à l'Intendant Le Guerchois, et même en tenant compte de ce qu'il pouvait y avoir d'exagéré ou de faux dans les « bruits » répandus, à deux époques aussi éloignées l'une de l'autre, sur l'Intendant et sur ses agents, on ne peut guère refuser de reconnaître que l'Administration eut, en Franche-Comté comme ailleurs, ses mauvais bergers et ses brebis galeuses. Mais, ce qui n'est pas moins sûr, c'est qu'à aucun moment les subdélégués de Vesoul ne furent de ce nombre: on a pu leur reprocher des négligences, des erreurs et des fautes; on ne les a jamais, à notre connaissance, accusés d'abus ou d'exactions. Sans doute, ils ont été, eux aussi, l'objet de plaintes adressées soit à l'Intendant, soit au Ministre ou à la Cour; mais, outre que ces plaintes émanaient plus souvent de gens titrés ou « en place » que de simples particuliers, elles n'ont jamais eu

(a) Ardascheff, *op. cit.*, trad. Jousserandot, p. 447 ; — *Mémoires secrets*, t. XXVI (8 juin 1784).

(b) Voir R. de Lurion, *op. cit.*, p. 5, 49 et 50.

(c) *Bulletin Soc. grayloise*, année 1906, p. 53, note.

trait à des faits du genre de ceux qui furent reprochés à Ethis, par exemple (a). Peut-être ont-ils parfois fait preuve de quelque partialité; mais c'était plutôt en faveur des petits et des humbles, et rien ne permettrait de supposer que cette partialité ait eu, dans telle ou telle circonstance, des causes ou un but intéressés. C'est, au contraire, le désintéressement qui apparaît comme l'une des principales qualité des deux Miroudot, du père surtout, qui méritait absolument, à cet égard, l'éloge fait de lui par M. de Lacoré dans les rapports au Ministre que nous avons cités plus haut.

(a) Arch. Haute-Saône, c. 214 (lettre du 24 mars 1760), 219 (lettres des 9 et 13 nov. 1769), 220 (lettre du 26 mars 1771).

Ces rapports concernaient, on s'en souvient, quelques-unes des « grâces » que les deux Miroudot sollicitèrent, à plusieurs reprises, du Ministre ou de la Cour. On peut en distinguer de deux sortes: celles dont les subdélégués de Vesoul devaient retirer quelque profit matériel, et celles qui ne pouvaient leur procurer qu'une satisfaction morale. Au premier groupe appartiennent notamment la nomination de Miroudot père aux fonctions d'assesseur et celle de son fils à la place de procureur du roi près de la maréchaussée, ainsi que le don du droit de retrait féodal accordé à l'un et à l'autre pour plusieurs terres qu'ils avaient acquises ou qui leur étaient échues; pour ces nominations comme pour ce don, ils obtinrent la préférence sur des concurrents qui étaient ou très appuyés ou par eux-mêmes très puissants, tels que le marquis de Saint-Mauris, et la considération des services qu'ils avaient rendus en qualité de subdélégués ne fut pas étrangère à la décision du Ministre ou de la Cour. Ayant des avis à émettre sur les requêtes présentées par les deux Miroudot en vue d'obtenir ces « grâces », l'Intendant ne manqua jamais de rappeler leurs services: nous l'avons vu pour ce qui concerne les places d'assesseur et de procureur du roi près de la maréchaussée; il en fut de même pour le don du droit de retrait féodal, comme le montre l'extrait suivant d'un rapport de M. de Lacoré en date du 6 décembre 1782: « Le sieur de Saint-Ferjeux exerce depuis longtemps la subdélégation de Vezoul avec distinction et a succédé dans cette place à son père qui s'y étoit également acquis l'estime et la considération publiques; indépendamment des considérations personnelles qu'il réunit et qui le rendent susceptibles de la grâce qu'il sollicite, sa qualité d'acquéreur des biens dont il s'agit est un titre de plus en sa faveur » (b). — Ce sont encore les mêmes considérations que l'Intendant fait surtout valoir dans d'autres rapports relatifs à des demandes soit de lettres de noblesse, soit de distinctions honori-

(b) Ibidem, c. 226.

fiques. Et, si elles ne suffisent pas toujours à décider le Ministre ou le Roi, elles ne sont jamais considérées comme négligeables par l'autorité supérieure, qui ne laisse pas de faire, dans ses délibérations, le plus grand cas du rapport de l'Intendant. On se rappelle que des distinctions honorifiques furent accordées aux deux Miroudot et que, si le père ne put obtenir des lettres de noblesse, le fils fut, au contraire, anobli par Louis XVI.

Enfin — et il faut voir dans cette dernière « grâce » une récompense à la fois honorifique et pécuniaire — le Roi accordait le plus souvent aux subdélégués qui se retiraient après de longues années d'exercice une pension viagère, dont le chiffre était, d'ailleurs, très variable. M. de Lacoré avait spontanément fait une démarche auprès du Ministre pour que Miroudot père en fût doté avant de céder à son fils la subdélégation de Vesoul; mais aucune suite n'avait encore était donnée à cette démarche au mois d'avril 1764, lorsque de Saint-Ferjeux prit effectivement la succession de son père, ni peut-être au mois de décembre suivant, lorsque celui-ci mourut. Par contre, il n'eut pas lui-même à atteindre l'heure de la retraite pour recevoir cette récompense: dès l'année 1786, il était titulaire d'une pension de 1200 livres.

Voilà, avec la considération et les honneurs attachés à leur « place », les avantages de deux ordres, matériel et moral, dont jouissaient les subdélégués et qui pouvaient, à leurs yeux, compenser les inconvénients et les charges de leurs fonctions.

VI. Pour la tâche si considérable et si lourde qui leur incombait et qui ne fit que s'accroître et s'appesantir aux approches de la Révolution, par quels collaborateurs les subdélégués de Franche-Comté furent-ils aidés?

A quelques-uns d'entre eux furent adjoints leurs fils ou leurs frères. Tel est le cas de Miroudot, de Bayard de la Ferté, de Regnauld d'Epercy et peut-être d'Agnus, qui eurent leurs fils comme collaborateurs, et de Faton, qui fut aidé par son frère dans l'administration de la double subdélégation de Quingey et Salins. Les fils de Bayard de la Ferté et de Regnauld d'Epercy étaient subdélégués non seulement « adjoints » ou « en exercice conjoints », mais encore « en survivance », et, à ce dernier titre, ils furent appelés à la succession de leurs pères. De Saint-Ferjeux succéda également à son père; mais il dut auparavant accepter le poste de Dôle. Ajoutons — ou rappelons — que presque

(a) Ibidem, c. 204-229, passim ; — *Almanach*, années 1743 à 1790. — Cf. Meilhac, op. cit., p. 32.

tous les subdélégués adjoints étaient, comme leurs pères », « avocats en Parlement » (a).

Si quelques-uns seulement des subdélégués de Franche-Comté ont eu des adjoints, auprès de tous étaient placés des « greffiers » ou « secrétaires ». Il n'y eut généralement qu'un seul « greffier » par subdélégation; il n'en était guère autrement que lorsque la subdélégation avait été formée par la réunion de plusieurs autres. En 1745, il y a 16 greffiers, c'est-à-dire autant que de subdélégations, y compris celles de Lure et de Jussey; quinze ans plus tard, ce nombre s'est accru d'une unité: la nouvelle subdélégation de Saint-Amour a son greffier, comme les autres. Mais les subdélégations de Lure et de Jussey vont disparaître; déjà elles ont été réunies sous une seule et même administration: garderont-elles pourtant leurs greffiers ? Le sieur Demandre, greffier de Jussey, sollicite de l'Intendant son maintien dans les fonctions qu'il exerce: quel accueil sera fait à cette requête ? M. de Lacoré la communique à de Saint-Ferjeux, dont le « département » s'étend maintenant à tout le bailliage de Vesoul: « On me recommande, lui écrit-il, instamment le sieur Demandre, cy devant greffier de la Subdélégation de Luxeuil au département de Jussey, qui désireroit conserver cette place; comme je n'ay entendu dire que du bien de luy et qu'il est indispensable pour le bien du service que vous ayés un greffier tant à Luxeuil qu'à Jussey, je ne doute pas que vous ne pensiés comme moy qu'il est juste de donner la préférence pour Jussey au sieur Demandre; je vous prie cependant de me faire vos observations sur le compte de ce particulier, et de me marquer s'il ne s'est rien trouvé dans les papiers de M. de Launay qui puisse empêcher l'effet de ma bonne volonté contre ce greffier ». La réponse de Saint-Ferjeux n'est pas tendre pour « ce greffier »: « Depuis la réunion que vous avés bien voulu faire à ma subdélégation du Département qu'avoit feu M. de Launay, l'arrondissement de Jussey (1) confié aux soins de M. Demandre m'a plus donné de besogne que tout le reste de ma subdélégation: il est peu de villages de ce district qui ne me soient venus redemander des requetes, rolles et comptes et se plaindre de la négligence dudit Demandre. J'ay d'autant plus lieu, Mgr, d'ajouter foy à leurs plaintes que les papiers que le sieur Demandre m'a remis étoient

(1) Le rapprochement, dans ce membre de phrase, des trois termes *subdélégation, département* et *arrondissement* apporte une précision remarquable à la signification respective qu'il convient de leur donner.

dans le plus mauvais ordre et que dans le nombre il se trouve plus de cent comptes des années 1763 et 1764 non vérifiés et sans pièces justificatives. Si l'on vouloit éplucher la conduite du sieur Demandre, j'ay lieu de croire, Mgr, que l'on pourroit luy reprocher plus que de la négligence si j'en juge par ce que l'on m'a dit du prix et de la multiplicité des journées qu'il faisoit pour l'instruction de presque toutes les affaires. Je puis, d'ailleurs, vous assurer qu'il est difficile d'être aussi peu instruit des premiers principes des fonctions qu'il remplissoit et que je me suis apperçu dans les différentes conversations que j'ay eu (*sic*) avec ledit sur la partie de Jussey que ses lumières étoient peu étendues »; suivent des considérations sur l'intérêt qu'il y a pour le service à ce que les emplois de greffier soient supprimés aussi bien à Jussey qu'à Luxeuil; et, comme conclusion: « J'ose espérer que pour le bien de la chose vous voudrés bien refuser tous ceux qui pourroient vous solliciter soit pour Jussey soit pour Luxeuil; si, dans la suite, l'ouvrage m'obligeoit à avoir quelqu'un dans un endroit, je serois le premier à vous en demander la permission ». Cette permission ne fut jamais demandée, et, jusqu'à la Révolution, il n'y eut plus qu'un seul greffier pour toute la subdélégation de Vesoul telle que l'avait faite la réunion des « départements » de Jussey et de Luxeuil ou de Lure à celui de Vesoul. Au contraire, il continua d'y avoir deux greffiers, l'un à Lons-le-Saunier et l'autre à Orgelet, après la réunion de ces deux subdélégations; de même pour Poligny et Arbois, et, dans les derniers temps, pour Quingey et Salins. Toutefois, pendant plusieurs années, les deux départements de Salins et de Quingey n'eurent qu'un seul greffier, comme ils n'avaient qu'un seul subdélégué [a] (1).

(a) *Almanach*, années 1743 à 1790 ; Arch. Haute-Saône, c. 217 (lettres des 2 et 18 déc. 1765).

(1) Voici la liste à peu près complète des greffiers qui se sont succédé, de 1743 à 1786, dans les diverses subdélégations de Franche-Comté. Ce sont : à Besançon, après Le Beaux, dont nous avons déjà parlé comme greffier de l'Intendance et qui était en outre procureur au bailliage-présidial de Besançon, Groussot, greffier de la maréchaussée et du bureau de la Commission, Faivre, sur qui les renseignements nous manquent, et Dicy, greffier de la Justice de la Monnaie ; — à Dôle, Jacques-Augustin Cuynet, procureur au bailliage (à la maîtrise), Michel Willermet, directeur des carrosses, Claude-Joseph Broch, dont nous ne connaissons pas la profession, et Augrer, indiqué comme avocat dans l'Almanach de 1784 ; — à Gray, après Lobereau, Pierre-Louis Coquillard, procureur du bailliage-présidial, Joseph Pattet et Anatoile Prieur, également procureurs, et Nicolas Jouart, notaire ; — à Lons-le-Saunier, Claude-Etienne Jousserandot, qui était en 1759 greffier et receveur de la justice des salines de Montmort et contrôleur et agent des fermes du Roi, François Chatellenet et Sailland ; — à Baume, Alexis-Boniface Guillemin, procureur-notaire, Claude-François-Xavier Brochon, commis à l'entretien des ponts-et-chaussées, et son frère ou son fils Claude-Joseph, greffier des traites et

La plupart de ces agents étaient soit des procureurs ou des notaires, soit des greffiers ou secrétaires d'autres services. On compte, en outre, quelques officiers ou agents subalternes, tels qu'un directeur des carrosses, un commis à l'entretien des ponts et chaussées, même un procureur du roi à la gruerie et un substitut du procureur du roi de la police. Deux greffiers sont qualifiés d' « avocats » par l'Almanach de 1784; mais est-ce bien exact ? Quelques-uns des autres ont rempli des fonctions municipales ou cumulé avec leurs fonctions ordinaires celles de receveur municipal ou d'agent des fermes.

Voici, sur les greffiers de la subdélégation de Vesoul, quelques renseignements particuliers. M. Salivet avait eu longtemps comme « greffier » ou « secrétaire » Claude-François Faucogney, procureur au bailliage-présidial de Vesoul. A Faucogney succéda François-Joseph Mercier, « procureur aux sièges de Vesoul » ou « procureur en toutes juridictions de Vesoul » et, en outre, greffier de la maréchaussée. Mercier paraît s'être retiré en même temps que Miroudot; il eut pour successeur François-Joseph Moussus, qui était comme lui « procureur en toutes juridictions royalles de Vesoul », mais qui, en 1769, avait déjà cédé cette charge. Moussus remplissait, en outre, comme son prédécesseur, les fonctions de greffier de la maréchaussée. Ces fonctions furent, par contre, refusées à Morlot, qui remplaça Moussus en 1777; à ce sujet, M. de Lacoré écrivait à de Saint-Ferjeux, le 11 novembre de la même année: « M. le Prince de Montbarrey m'a mandé que le Roy n'avoit

---

gabelles et receveur municipal ; — à Salins, après Briot, Pierre Marmet, procureur et agent des fermes, Clerc, mal connu, Jean-Claude Jarry, procureur et notaire, et Roch ; — à Arbois, Saillard et Joseph-Bernard Giroulet, procureur ; — à Poligny, après Benoît, Claude-Philibert Maréchal, Jean-François Genet, puis un autre greffier qui porte également le nom et les prénoms de Claude-Philibert Maréchal et dont nous ne savons pas s'il fut le même que le précédent ; — à Pontarlier, Adrien, puis Luc-Joseph Demesmay, le premier procureur et en 1754 premier échevin ancien, et, après eux, Claude Minary, procureur du roi à la gruerie ; — à Ornans, Grosrichard, Claude Tournier, greffier civil des présentations et affirmations, et Boulet, commis du procureur du roi de police ou, plus vraisemblablement, secrétaire-greffier de l'hôtel-de-ville ; — à Quingey, Jacques Poncet, procureur et deuxième échevin en 1754, Etienne Petitot, procureur-notaire et conseiller du magistrat en 1759, Claude-Joseph Le clerc, Roch et Bertin, peut-être substitut du procureur du roi de police ; — à Orgelet, après Cordier, Claude-François Goy, secrétaire de l'hôtel-de-ville, Pierre-Claude Menouillard, notaire, Saillard et Jean-Baptiste Taillard, à qui l'Almanach de 1784 attribue la qualité d'avocat ; — à Saint-Claude, après Desvignes, Jean-Baptiste-Gabriel Crestin, greffier civil et criminel, et Claude-César Cattand ; — à Saint-Amour, Claude-François Renaud (ou Regnaud), procureur ; — à Lure, Félix Papier, greffier et notaire au bailliage-gruerie ; — à Jussey, Jacques Cordienne, greffier de la prévôté et de la justice des gabelles ; — à Luxeuil, Demandre, greffier du bailliage d'Amblans, en 1754 (a).

(a) *Almanach*, années 1743 à 1790 ; — Arch. Hte-Saône, C. 204-229, passim.

pas jugé à propos de confier au sieur Morlot la place de greffier de la maréchaussée à Vezoul, en meme tems qu'il exerceroit celle de greffier de la subdélégation, et qu'elle étoit accordée au sieur Dumagny; je suis faché que cette circonstance se soit opposée au succès de ma recommandation en sa faveur ». Mais, en 1783, Morlot était receveur des bois du Roi et des amendes à la maîtrise des eaux et forêts (a).

(a) Arch. Haute-Saône, c. 204-229, passim (note 224); 231 (mai 1786).

Les greffiers étaient, en quelque sorte, dans les derniers temps, les secrétaires en chef des subdélégations: au-dessous d'eux se plaçaient les commis, appelés généralement aussi secrétaires. Mais, au début, les subdélégués n'avaient pas d'autre auxiliaire que le greffier: il en fut ainsi, semble-t-il, dans la subdélégation de Vesoul, au temps de Salivet et peut-être même encore de Miroudot. Il fallait pourtant assurer la suppléance du greffier: pour y pourvoir, le subdélégué s'adressait, le cas échéant, à un « procureur » ou à un « praticien » de la localité. Miroudot, par exemple, eut recours à Jean-Claude Huguenin, qualifié tantôt de « praticien » et tantôt de « procureur aux bailliage et siège présidial de Vesoul », à Claude-Odo Callaud, « praticien demeurant à Vesoul » et « majeur de 25 ans », à Alexandre-Gabriel Mercier, fils du greffier lui-même, et à Moussus, qui devait succéder à celui-ci. Le seul concours d'un greffier n'eût pas suffi à de Saint-Ferjeux, surtout après la réunion des trois « départements » de Vesoul, de Jussey et de Lure ou Luxeuil; le subdélégué avait d'autant plus besoin d'auxiliaires auprès de lui qu'il n'en voulait ni à Luxeuil ni à Jussey: nous avons vu, en effet, qu'il fit supprimer l'emploi de greffier dans ces deux anciens chefs-lieux de subdélégation. Alors, apparaissent, aux côtés de Moussus d'abord, puis de Morlot, Jean Mercier, Claude-François Chaunier, Pierre-Jean Blanc, Chognard, Dresse et Odo Vuillemot, dont la plupart sont qualifiés, dans les actes où ils suppléent le greffier, de « secrétaires ordinaires ». De même, à Gray, Jouart était adjoint à Prieur, avant de devenir lui-même greffier; à Lons-le-Saunier, Chatellenet, en 1772, et Saillant, en 1785, avaient comme adjoints, le premier, Jean-Pierre Saillard et, le second, Chavin; à Poligny, en 1786, Claude-Philibert Maréchal est secondé par un de ses parents, Claude-Louis-Emmanuel; à Quingey, à la même époque, Bertin a Roch sous ses ordres. Ce n'étaient là, d'ailleurs, que les principaux secrétaires ou commis de ces subdélégations, dont le personnel était certainement plus considérable à la fin de l'ancien régime (b).

(b) Ibidem, c. 204-229, passim; — *Almanach*, années 1743 à 1790.

Par qui étaient choisis et nommés greffiers, secrétaires et commis ? On a voulu faire une différence, à cet égard, entre les greffiers et les autres employés; nous allons voir ce que vaut cette différence.

Parlons d'abord des greffiers. On se rappelle que l'Edit du 17 janvier 1708, portant réunion des offices de greffiers des subdélégations à ceux de subdélégués, faisait, à ces derniers, une obligation de « commettre, sur leur simple procuration, à l'exercice desdits greffes ». Après la suppression, édictée au mois d'août 1715, de ces deux sortes d'offices, les subdélégués avaient continué à se soumettre à la même obligation; et c'est par eux, sans l'intervention de l'Intendant, que les greffiers étaient nommés. Mais en était-il encore de même dans la seconde moitié du XVIIIe siècle ? On a prétendu que non, et l'on a dit que les Commissaires départis, jaloux des pouvoirs que, sur ce point, possédaient les subdélégués, s'étaient peu à peu immiscés dans la nomination des greffiers et en étaient venus soit à y procéder eux-mêmes, soit tout au moins à s'en réserver l'agrément. Cette thèse serait confirmée par la correspondance échangée, à la fin de 1765, entre M. de Lacoré et de Saint-Ferjeux, au sujet de l'ex-greffier de Jussey, Demandre. — Mais comment concilier la thèse précédente avec cette lettre de M. Caumartin de Saint-Ange: « J'ay examiné la prétention du Directeur des Domaines pour assujettir les dépôts des Subdélégations à la vérification des préposés de cette régie; j'ay reconnu que le prétexte de cette tentative sont les déclarations du 20 mars 1708 qui assujettissent tous les dépôts publics, notaires, tabellions, greffiers, gens de loy et autres dépositaires et personnes publiques à la vérification des préposés des Domaines du Roy. Mais il y a deux objections importantes à faire contre cette entreprise. La première est que tous actes des villes et communautés passés sous mon authorité par moy ou mes subdélégués sont affranchis de tous droits; conséquemment la vérification du préposé est inutile, et n'a jamais eu lieu. La 2e, c'est que proprement dit il n'y a point de greffiers de subdélégations; toutes les opérations sont censées faites par mes subdélégués, qui seuls peuvent acter parce que je les délègue à cet effet. Il n'y a donc réellement d'autre dépôt que les archives des subdélégués, point de greffe réel comme dans les juridictions et point de greffier puisqu'il ne peut y en avoir qu'en titre d'office ou par commission de quelqu'un qui ait caractère pour en donner, et mes subdélégués n'en ont point. Le dépôt des subdélégués n'est pas plus susceptible de vérification que le secrétariat ou les archives de l'Intendance. D'après cela vous pouvés refuser tranchément aux préposés des Domaines la vérification de votre dépôt ou greffe. Si la régie s'en plaint, cela liera la contestation au Conseil et donnera lieu de discuter cette affaire sur laquelle il interviendra une décision qui fera loy pour ou contre, par la suite » (lettre du 8 octobre 1788) [a]. Nous ignorons quelle suite eut cette affaire et, par conséquent, si le Conseil admit la thèse de l'Intendant. En tout cas, cette thèse s'oppose directement à la précédente, qui non seulement reconnaissait l'existence des greffiers, mais leur attribuait un caractère assez officiel et des fonctions assez importantes pour que leur nomination ne fût pas laissée aux subdélégués.

(a) Arch. Haute-Saône, c. 229,

A notre avis, les deux thèses opposées contiennent également, comme il arrive très souvent, une part de vérité et une part d'erreur. Il n'est pas douteux qu'en fait, sinon en droit, il y a toujours eu, dans les différents « départements » de Franche-Comté, un auxiliaire du subdélégué qui remplissait auprès de celui-ci des fonctions à la fois administratives et judiciaires: par ses fonctions administratives, ce n'était qu'un « secrétaire », qui *aidait* le subdélégué, sans avoir de personnalité; par ses fonctions judiciaires, c'était un « greffier », qui *assistait* le subdélégué et avait une personnalité. Mais il différait, depuis 1708, des « greffiers » des juridictions ordinaires ou spéciales en ce qu'il n'était pourvu ni d'un *office* ni d'une *commission*: les « offices » de « greffiers des subdélégations » avaient été supprimés par édit du Roi, et jamais aucune « commission » n'avait été délivrée par « quelqu'un qui eût caractère pour en donner », c'est-à-dire par le Roi ou par l'Intendant. On doit en conclure que les greffiers étaient choisis et nommés par les subdélégués.

Mais alors comment expliquer l'intervention de M. de Lacoré au sujet de Demandre, sa lettre du 13 décembre 1765 à de Saint-Ferjeux et certains passages de la réponse de celui-ci ? L'explication n'est peut-être pas aussi difficile qu'il le semble tout d'abord. Ce n'est plus, en effet, d'un greffier ordinaire qu'il s'agit, c'est-à-dire d'un agent du subdélégué qui l'aide ou qui l'assiste, qui peut avoir dans certains cas une personnalité, mais qui ne possède pas de pouvoirs propres et qui ne détient aucune parcelle de la puissance publique. Tout autre était la situation de Demandre, qui jouait à Jussey, depuis la mort de M. de Launay et peut-être même depuis celle de M. Vautherin, le rôle de ces « correspondants » officiels dont nous avons parlé au début de notre travail; comme le dit expressément de Saint-Ferjeux dans sa lettre du 18 décembre 1765, « l'arrondissement de Jussey » avait été « confié aux soins de M. Demandre », à qui les communautés devaient « s'adresser », qui recevait les requêtes, rôles et comptes », vérifiait ces derniers et instruisait les affaires, qui enfin, malgré sa subordination par rapport au subdélégué de Vesoul et peut-être, antérieurement, à celui de Luxeuil, remplissait, dans l' « arrondissement de Jussey », à peu près les mêmes fonctions qu'eux: ce qui amenait de Saint-Ferjeux à dire qu' « avec des personnes [des greffiers ou autres correspondants] à Jussey et à Luxeuil, on établit autant de petites subdélégations en sous-ordres, qui, comme l'on faisait à Jussey, exécuteront mal et voudront mettre du leur dans tout ce qu'on leur demandera ». S'agissant d'agents de cette nature, on comprend que l'Intendant soit intervenu dans leur nomination, leur maintien ou leur suppression. Il pouvait, d'ailleurs, le faire de deux manières : soit en prenant l'initiative de la mesure et en se bornant à demander l'avis du subdélégué (c'est ce qui se produisit, en 1765, pour le greffe de Jussey et son titulaire), soit en se réservant l'approbation de la mesure prise ou à prendre par le subdélégué (c'est ce que, dans sa lettre, de Saint-Ferjeux paraît proposer pour l'avenir).

La procédure était, en somme, la même que dans le cas où le greffier d'une subdélégation était appelé à remplacer dans ses fonctions le subdélégué absent ou empêché. Lorsqu'en effet un subdélégué se trouvait empêché ou voulait s'absenter, il désignait, à défaut d'adjoint, son greffier ou principal secrétaire pour le suppléer; il en avertissait, en même temps, l'Intendant et il demandait à celui-ci son autorisation ou son approbation. C'est ce qui se passa, en 1776, pour Moussus et, en 1779, pour Morlot. Du mois de mars au mois de juillet 1776, Moussus « fait la subdélégation pendant l'absence de M. de Saint-Ferjeux »; c'est de Saint-Ferjeux qui l'en a « chargé lors de son départ », et c'est « par ordre de M. l'Intendant » qu'il remplit ces fonctions (voir notamment lettres des 20 mars et 19 juin et rapport du 25 juin 1776). En 1779, de Saint-Ferjeux s'absente de nouveau et reste éloigné de Vesoul pendant la moitié de l'année; l'intérim de la subdélégation est confié à Morlot, qu'avant de partir de Saint-Ferjeux a « fait authoriser par M. de Lacoré » à le suppléer (lettre du 7 octobre 1779). Il va sans dire que, si le subdélégué n'avait pas pris soin de désigner son suppléant ou de soumettre cette désignation à l'approbation de l'Intendant, celui-ci serait intervenu, soit pour nommer lui-même un intérimaire, soit pour rappeler le subdélégué « à l'ordre » et le tancer plus ou moins vertement (a).

(a) Ibidem, c. 223 et 225.

En dehors des deux cas précédents, le greffier dépendait entièrement du subdélégué, qui le choisissait comme il voulait et le gardait à ses côtés le temps qu'il lui plaisait. Ce qui n'a pas empêché la plupart des greffiers de conserver leur place jusqu'à leur mort ou jusqu'à leur retraite volontaire, de sorte qu'en Franche-Comté quelques-uns sont restés en fonctions 20 ans, 30 ans et même davantage, comme Le Beaux à Besançon, Jousserandot à Lons-le-Saunier, Brochon à Baume, Giroulet à Arbois, Maréchal à Poligny, les deux Demesmay à Pontarlier, Tournier à Ornans. Parfois, ils ont cessé leurs fonctions à la mort ou au départ des subdélégués qu'ils avaient servis: tel paraît avoir été le cas de Mercier, à Vesoul; mais c'était plutôt une exception (b).

(b) *Almanach* années 1743 à 1790 ; — Arch. Haute-Saône, c. 224.

L'exposé qui précède permet de se rendre compte qu'en principe il n'y avait, dans leurs rapports avec l'Intendant et les subdélégués, aucune différence entre les greffiers et les autres secrétaires ou commis des subdélégations. Dans la lettre dont nous avons déjà cité plusieurs passages, de Saint-Ferjeux pouvait dire: « La joye que la plupart des communautés ont thémoigné (*sic*) de ce qu'elles n'avoient plus à s'adresser à Jussey à un simple *commis...* » Evidemment, ce « commis » avait une situation spéciale, des attributions particulières et même certains pouvoirs propres; mais ces circonstances ne pouvaient changer ni l'origine ni le caractère de ses fonctions. Voilà pourquoi tous les « commis » d'une subdélégation sont, en principe, choisis, nommés, maintenus, congédiés par le subdélégué. C'est de celui-ci qu'ils dépendent tous également, et c'est lui qui, selon son bon plaisir, assigne à chacun d'eux sa tâche. Pour les fonctions de greffier, il prend qui lui plaît; s'il faut remplacer le greffier « ordinaire », il s'adresse à qui bon lui semble; s'il y a une mission spéciale à remplir, il la confie à celui qui lui paraît le plus apte à s'en acquitter, et ce n'est pas toujours le greffier: de 1778 à 1786, de Saint-Ferjeux a plus souvent recours, dans ce cas, à Chognard qu'à Morlot. Chognard occupe, en effet, auprès du subdélégué de Vesoul, une place de confiance: il s'intitule aussi bien « *secrétaire de M. de Saint-Ferjeux* » que « secrétaire de la Subdélégation »; dans une note du 4 octobre 1784, il signe « Chognard, *ayant charge de M. le Subdélégué* »; et, un peu plus tard, de Saint-Ferjeux, parlant de lui, s'exprime ainsi: « Le sieur Chognard, un de mes *commis de confiance* dont la prudence m'est connue depuis longtems ». De Saint-Ferjeux ne paraît pas avoir eu la même confiance dans un autre « commis à la subdélégation », le « notaire royal » Gabriel Dresse, qui, en 1790, passa des bureaux de la subdélégation dans ceux du district et qui assistait Joseph-Xavier Hugon, membre du directoire de Vesoul, dans les opérations auxquelles donna lieu la remise des papiers « déposés au domicile du sieur G.-J.Miroudot du Bourg, ancien subdélégué » (a).

(a) Arch. Haute-Saône, C. 224-228, passim, et C. 165.

Si les « commis » d'une subdélégation, greffier ou autres, n'avaient pas, en général, de rapports directs avec l'Intendant, ils n'en étaient pas moins connus de lui et soumis, comme tous les agents ou fonctionnaires de la province, à sa haute surveillance et à son autorité. On se rappelle la lettre écrite par Ethis à de Saint-Ferjeux, au sujet de Moussus, qui avait eu « la bêtise et l'étourderie d'adresser un mémoire à M. le Contrôleur général sur un objet pour lequel il aurait pu se dispenser de recourir directement à ce Ministre » (lettre du 4 avril 1767). L'année suivante, le même Ethis communique au subdélégué de Vesoul une plainte formée par des invalides contre le « greffier de la subdélégation », avec prière de lui adresser un rapport sur cette affaire (lettre du 24 septembre 1768); de Saint-Ferjeux répond en défendant énergiquement « celui de ses secrétaires » (ce n'était pas le « greffier ») qui était, à la subdélégation, chargé de payer les invalides. En 1769, le subdélégué de Vesoul est encore amené à prendre la défense de son personnel; voici dans quelles circonstances. Ethis lui avait écrit: « Je ne puis me dispenser de vous observer que la requete cy jointe m'a frappé autant que la conduite inconsidérée du sieur Parisot. M. le Chevalier de Saint-Mauris m'a porté les plaintes les plus amères sur ce que les lettres écrites par Mme la Marquise de Saint-Mauris à M. l'Intendant ont été entre les mains de ce particulier après vous avoir été renvoyées, et qu'il s'est donné la licence de tenir à ce sujet les propos les moins réfléchis et très peu mesurés. C'est sans doute par le défaut de fidélité de quelque personne de vos bureaux que les lettres de Mme de Saint-Mauris ont été ainsi communiquées à l'homme qui étoit le moins fait pour les voir, et je vous prie d'y faire l'attention que cela mérite... » (lettre du 9 novembre 1769). A quoi de Saint-Ferjeux répond, 4 jours plus tard: « Je puis vous assurer que ce n'est pas chés moy ni dans mes bureaux que le sieur Parisot a vu une lettre seule et unique de Mme de Saint-Mauris à M. l'Intendant qui m'a été renvoyée l'année dernière, que quand il est venu me parler pour détruire les faussetés qu'on lui imputoit et qui ont été reconnues telles par ordonnance de M. l'Intendant du 20 janvier 1769, il avoit déjà connoissance de cette lettre, et qu'il m'a dit en tenir le contenu de MM. T... ou V... qui l'avoit vu (*sic*) dans les bureaux de l'Intendance. Quant aux propos qu'il a pu tenir en conséquence je les ignore parfaitement ». En 1786, c'est le « greffier » Morlot qui se défend en personne contre une accusation de faux portée directement devant l'Intendant par un sieur Jeanblanc: « Depuis près de 9 années, j'ai l'honneur d'être attaché à votre juridiction en qualité de greffier de la subdélégation de Vesoul, et depuis plus de 14 M. le Grand-Maître m'honore de sa confiance dans les affaires de la maîtrise de la même ville où je suis receveur des bois de Sa Majesté. La probité, la droiture et le désintéresement le plus entier ont toujours été le mobile de ma conduite. J'ose, Mgr, rappeler à cet égard à votre souvenir ce que M. de Saint-Ferjeux eut la bonté de vous dire de moi lorsque j'eus l'honneur de vous être présenté à votre arrivée à Vesoul, et M. de Lacoré en étoit bien persuadé puisqu'en 1779 il me chargea de remplir les fonctions de subdélégué pendant une absence de M. de Saint-Ferjeux de plus de 6 mois. Ma conduitte ne me donnoit pas lieu, Mgr, de soupçonner que je serois jamais accusé à votre tribunal, et surtout d'un faux... »; la fin de la lettre était consacrée à des explications sur l'accusation dont Morlot était l'objet (lettre du 24 mai 1786). Dans deux avis successifs, de Saint-Ferjeux défendit, à son tour, son greffier, dont il vanta précisément « la probité, la droiture et le désintéressement », et il demanda qu'une peine de « quelques journées de prison » fût infligée à Jeanblanc, « ne fût-ce, disait-il, que pour en avoir imposé à M. l'Intendant » (a).

[a] Ibidem, c. 218, 219, 231.

Mais ce n'est pas toujours en ce sens; c'est souvent aussi en faveur du greffier ou des commis de la subdélégation que l'Intendant eut à intervenir. Il le fit, par exemple, en 1757, pour Cordienne, greffier de la subdélégation de Jussey, à qui un ancien procureur au bailliage de Vesoul, Seguin, avait écrit une lettre où l'on lisait: « Il faut que vous soyés bien borné, il me fache de vous le dire, pour ne pas sçavoir... Un fripon vous a dit que j'étois tenu de payer, qui a menti à son ordinaire, car il ne connoit pas la vérité, dites-luy de ma part... Par considération pour votre maitre que je veux croire ignorer votre procédé et qui protège ce fripon, je veux bien en rester là... »; saisi de ce fait, M. de Boynes donne lui-même à Miroudot les instructions suivantes: « L'ignorance de ce procureur l'a fait tomber vis à vis du sieur Cordienne dans un (*sic*) indécence qui ne peut être justiffié (*sic*) et j'ai lieu d'être étonné dans une affaire qui intéresse Mme de Chargey; il répond assez peu à la confiance dont il est honoré pour s'exprimer dans des termes aussi peu convenables... », et il invite le subdélégué à agir, en usant au besoin de rigueur, pour obliger le procureur Séguin à une réparation — et au payement (lettre du 5 mars 1757). Rappelons également les démarches faites par M. de Lacoré auprès du prince de Montbarrey, ministre de la guerre, pour que Morlot obtienne, comme ses prédécesseurs Mercier et Moussus, la place de greffier de la maréchaussée à Vesoul, qu'il eût occupée en même temps que celle de greffier de la subdélégation: dans une lettre du 11 novembre 1777, il exprime, on l'a vu, le regret que l' « intention » du Roi « se soit opposée au succès de sa recommandation » en faveur de Morlot. Mercier avait été aussi, en 1751, l'objet d'une recommandation de ce genre: « Je reçois, écrivait alors de Bourges à Miroudot, comme une preuve d'amitié de votre part l'occasion que vous m'offrés de faire quelque chose qui puisse vous plaire en travaillant pour votre secrétaire. Je ne puis parler que lorsqu'il sera question de remplacer le receveur; mais vous pouvés compter alors et sur mon témoignage et sur toutes les démarches qui dépendront de moi » (lettre du 30 mai 1751). On voit que les greffiers ou commis des subdélégations trouvaient, à l'occasion, des protecteurs non seulement dans les subdélégués, mais encore dans l'Intendant et dans les secrétaires de l'Intendance (a).

(a) Ibidem, c. 206, 211 et 224.

Il nous resterait à parler de la manière dont était rétribué le personnel d'une subdélégation. Mais nous avouons n'avoir trouvé sur cette question, dans les archives de l'ancienne province de Franche-Comté et spécialement dans celles du département actuel de la Haute-Saône, que des documents très rares et très incomplets. De ces documents il résulte que, depuis la suppression de leurs offices, les greffiers n'ont plus de « gages », mais qu'ils continuent à percevoir, pour les opérations d'ordre contentieux auxquelles ils prennent part ou procèdent eux-mêmes, certains droits, suivant un tarif établi par l'Intendant: nous avons vu de Saint-Ferjeux accuser le greffier Demandre de multiplier le nombre des « journées qu'il faisoit pour l'instruction de presque toutes les affaires » et d'en majorer le « prix » (lettre du 18 décembre 1765). Mais ce n'est pas seulement pour l'instruction des affaires que les greffiers se faisaient payer des « journées »: ils recevaient aussi des indemnités de ce genre pour des opérations d'ordre administratif, telles que la levée des milices; pour le tirage des soldats provinciaux, il est alloué, en 1785, 20 livres par « journée de compagne » à « M. de Saint-Ferjeux et son greffier ». Le service de la « dépense des invalides » valait également aux greffiers, lorsqu'ils en étaient chargés, certains avantages pécuniaires; mais il donnait aussi, à ceux qui avaient le maniement de ces fonds, bien des ennuis: témoin la plainte portée, en 1768, par des invalides contre le « greffier de la subdélégation » de Vesoul, qui leur aurait « fait différentes retenues ». De Saint-Ferjeux défendit, nous le savons, avec beaucoup d'énergie celui de ses « secrétaires » à qui était confié ce service: « Je suis sûr de la probité du secrétaire que j'employe à cette comptabilité », disait-il dans sa réponse à Ethis (lettre du 28 septembre 1768). Il est probable qu'il n'en eût pas dit autant de Demandre; en tout cas, celui-ci était suspect à l'Intendant; c'est un sentiment qui s'aperçoit facilement entre les lignes de la lettre suivante, écrite par Ethis le 15 février 1766: « Le sieur Demandre, mon cher Saint-Ferjeux, répète, suivant un état arrêté par vous, une somme de 301 l. 17 s. 9 d; je ne doute pas qu'il n'ayt fait cette avance, puisque vous avés arrêté son état, mais il faut constater sa situation vis à vis des héritiers Laulnay, et cette vérification ne peut se faire ou qu'à vuë des agenda, bordereaux ou comptes particuliers entre M. de l'Aulnay et le sieur de Mandre, ou enfin par le résultat de la dépense des invalides de cette subdélégation [celle de Luxeuil] à l'époque de sa réunion à celle de Vesoul. Il me paroit en tout cas qu'on ne peut pas se dispenser d'entendre les héritiers Laulnay. Voyés, qu'en pensés vous, et avés vous quelque autre moyen de répandre sur cette répétition des éclaircissemens qui sont indispensablement nécessaires avant de statuer sur la demande du sieur de Mandre... » Il n'est pas douteux qu'un greffier peu consciencieux, comme paraît l'avoir été Demandre, pouvait aisément se créer des profits illicites, soit en supposant des avances, soit en majorant les droits et les indemnités, soit en multipliant les « journées » (a).

[a] Ibidem, c. 217, 218, 227.

En plus de ceux que nous venons d'indiquer, quels avantages avaient les greffiers des subdélégations ? Ils avaient, tout d'abord, conservé la faculté, que leur donnait l'Edit de janvier 1707, de « postuler dans les présidiaux, bailliages, sénéchaussées, élections, greniers à sel et autres justices royales ordinaires et extraordinaires des villes de leur résidence, comme les autres procureurs desdites juridictions », et ils continuaient à pouvoir exercer leurs fonctions « sans incompatibilité d'aucunes autres charges, emplois ou professions ». Mais ils ne jouissaient plus des exemptions et privilèges que l'Edit leur avait conférés : ils les avaient perdus en cessant d'être « officiers du Roi ». Cependant, en 1777, ils avaient essayé, avec le double appui des subdélégués et de l'Intendant, d'obtenir pour eux-mêmes l'exemption de la milice; la tentative ne réussit pas: « Sur le compte qui a été rendu au Roi, écrivait à M. de Lacoré le prince de Montbarrey, ministre de la Guerre, de l'exemption que vous demandés pour les commis greffiers des subdélégations de la Comté, Sa Majesté a décidé qu'ils tireroient au sort, ainsi que ceux des autres provinces du royaume. Lors de la rédaction de l'Ordonnance du 1er décembre 1774, MM. les Intendants jugèrent que ce privilège ne pourroit occasionner que des abus de la part de MM. les Subdélégués, qui, pour favoriser de jeunes gens, leur donneroient ce titre, au lieu qu'en les assujettissant au sort ils prendroient de préférence des gens mariés et domiciliés » (1).

Cette décision s'appliquait, bien entendu (comme le faisait remarquer M. de Lacoré dans sa circulaire du 3 mars suivant), non seulement aux « commis greffiers », c'est-à-dire aux « greffiers » proprement dits, mais encore aux « autres employés aux détails de la subdélégation ». Du reste, la situation matérielle de ces derniers était inférieure à celle des greffiers: ce qui explique que la plupart de ceux qui n'ont pu devenir greffiers à leur tour soient restés peu de temps dans les bureaux des subdélégations. Ils pouvaient, il est vrai, remplir, eux aussi, d'autres fonctions ou exercer d'autres professions. Mais, comme secrétaires ou commis de subdélégation, leur rémunération se réduisait le plus souvent à de maigres appointements, que le subdélégué prélevait sur ses propres ressources, ou à la part qu'il voulait bien leur donner des indemnités ou droits qui se versaient entre ses mains. C'est seulement lorsqu'ils remplaçaient ou suppléaient le greffier qu'ils pouvaient bénéficier de tous les avantages et profits dont celui-ci jouissait. Ils en avaient cependant quelquefois de particuliers: c'est un de ses « secrétaires » que Miroudot choisit, en 1748, à la demande de M. de Villiers, commissaire des guerres

(1) Les secrétaires des commissaires des guerres étaient plus favorisés : « Il n'en est pas de même, ajoute en effet le Ministre, des commissaires des guerres dont la demeure n'est pas fixe et qui, pouvant être appelés d'une province du royaume dans une autre et même aux armées, doivent avoir pour les aider dans leurs opérations un homme qui n'étant attaché qu'à leur personne puisse les suivre où le service les obligera d'aller. Ce sont ces motifs qui ont déterminé à faire tirer les premiers et à exempter les derniers » (lettre du 25 février 1777) (a).

[a] Ibidem. c. 224.

à Vesoul, et sur l'invitation de Malus, « pour avoir soin de l'armement et habillement des militiens », service qui vaut à celui qui en a la charge « une somme par an » (lettre du 20 novembre 1748) ; c'est également à un de ses « secrétaires » que de Saint-Ferjeux avait confié le service de « la dépense des invalides », auquel étaient attachés certains avantages pécuniaires (lettre du 28 septembre 1768) ; c'est un « commis de confiance », Chognard, que le subdélégué emploie presque toujours pour des missions délicates et qu'il ne manque pas d'indemniser de ses frais et de récompenser pécuniairement de ses peines (lettre du 14 novembre 1786) [a]. Malgré tout, les émoluments étaient bien faibles ; et l'on ne doit pas s'étonner que les secrétaires ou commis des subdélégations n'aient jamais été très nombreux, quelles que fussent l'étendue du « département » et l'importance des affaires qui s'y traitaient.

[a] Ibidem, c. 205. 218, 228.

VII. Tels étaient les collaborateurs immédiats du subdélégué, ceux qui travaillaient à ses côtés ou qui se trouvaient détachés au chef-lieu des « départements » supprimés. Mais, en dehors de ces collaborateurs qui étaient tous placés directement sous ses ordres, le subdélégué n'avait-il pas, dans les autres localités de sa circonscription, des auxiliaires dont il pût se servir dans son double rôle d'agent d'exécution et d'information ?

Pour l'exécution, qui devait nécessairement avoir un caractère officiel, le subdélégué ne pouvait guère employer que des agents officiels. C'étaient tantôt des officiers du roi ou des seigneurs, prévôts et baillis notamment, tantôt les maires des villes ou les échevins des campagnes, tantôt les brigades de la maréchaussée et tantôt les fonctionnaires ou agents des services intéressés. Il avait aussi recours aux curés ou vicaires des paroisses : c'est eux spécialement qu'il chargeait de distribuer aux malades et aux nécessiteux les remèdes ou les secours en argent envoyés par l'Intendant (1).

(1) Voici, à ce sujet, deux lettres adressées à de Saint-Ferjeux, l'une par le vicaire d'Ouge, Bittey, et l'autre par le curé de Saint-Loup-en-Vosges, Claude des Charrières. La première est du 13 mai 1775 : « J'ai eu l'honneur de vous écrire, il y a environ trois semaines, y disait le vicaire Bittey, à l'occasion des 200 livres que Mgr l'Intendant veut bien accorder aux malheureux incendiés de ma paroisse ; je vous demandois la permission de les toucher sur les impositions royalles. La somme étoit preste chez l'échevin, dont j'ai retardé jusqu'alors le départ, espérant que vous vouderié (sic) bien souscrire à ma demande ; mais comme je n'ai point eu de réponse, j'ai pensé que la chose n'étoit pas possible, ou que ma lettre ne vous étoit pas parvenue. Le besoin actuel des incendiés est pressant ; voici l'instant de leurs (sic) distribuer les secours qu'on leur destine ; je vous aurai donc une vraye obligation de remettre à l'échevin de ma paroisse que j'ai chargé de la présente la somme que vous leur des-

tinés ; nous l'employrons à ce qui nous paroistera le plus capable de les soulager, et nous vous envoyrons le procès-verbal de distribution pour qu'il soit approuvé de vous. Je pense qu'une quittance de ma part sera nécessaire pour toucher la somme ; j'en ai remis une à l'échevin. Je souffre en voyant la peine que nous vous donnons, les malheureux semblent faits pour peiner les personnes charitables et puissantes ; je me trouve dans cette nécessité, je vous prie de lui attribuer toutes mes sollicitations importunes » ; cette lettre fut suivie d'une autre, du 30 du même mois, dans laquelle le correspondant du subdélégué lui faisait connaître comment il avait été procédé à la distribution des secours et qui se terminait ainsi : « Je ne sçai, Monsieur, comment vous témoigner ma reconnaissance de toutes vos attentions pour mes malheureux paroissiens ; ils sont eux-mêmes très reconnaissants des services que vous leurs rendés et du désir qu'ils remarquent en vous de les obliger ; tous ceux qui ont eu l'honneur de s'adresser à vous depuis leur infortune m'ont exactement fait part de la manière gracieuse et obligeante dont vous les avé reçu (sic), et j'y suis très sensible » (1). Onze ans plus tard, le 28 octobre 1786, le curé de Saint-Loup écrit, à son tour, à de Saint-Ferjeux : « Le défaut d'occasion sure m'a empéché jusqu'à présent d'avoir l'honneur de vous remercier des secours que vous avez eu la bonté de procurer à nos pauvres convalescents, et je viens aujourd'hui m'acquitter de ce devoir envers vous dans tous les sentiments de reconnaissance. Vous voyez combien vos remèdes ont du m'être utiles : ils sont épuisés maintenant ; quoique la maladie soit sur la fin, vous me feriez plaisir de me procurer une boîtte (d'Helvétius) pour l'année prochaine : elle ne peut que faire dans nos campagnes le plus grand bien. Vous pourrez remettre au porteur de la présente la somme de 72l dont vous trouverez le reçu cy-joint ; ce secours a rendu la santé à un grand nombre de convalescents, qui, comme moi, vous en ont une obligation infinie » ; d'après le reçu joint à la lettre, la somme de 72 livres avait été donnée par l'Intendant « pour le boüillon des pauvres convalescents de la paroisse » (a).

(a) Ibidem, c. 223 et 228.

L'auteur de cette dernière lettre était un prêtre très actif et très dévoué à ses paroissiens, qui s'adressa tour à tour, pour eux, au subdélégué, à l'Intendant, et même au Contrôleur général. Nous emprunterons à une lettre écrite par lui, le 8 mai 1788, à de Saint-Ferjeux le passage suivant, dont l'intérêt fera excuser la longueur : « cette communauté (celle de St.-Loup-en-Vosges) est plus à plaindre qu'aucune autre que je connoisse dans la province : ailleurs le peuple vend son superflu pour acheter le nécessaire ; ici, l'on achète pour revendre. Voilà le principal commerce de Saint-Loup ; c'est ce qui rend nos foires et marchés nécessaires dans ce village ; c'est ce qui l'a peuplé si considérablement malgré la petitesse, je pourrais ajouter l'ingratitude de son territoire. La disette de la petite monnoye jointe à la chéreté du grain et à la pénurie des fruits, a donc nui à son commerce plus que partout ailleurs. Je vous prie, Monsieur, de vouloir bien le faire observer à Mgr. l'Intendant qui dans sa lettre ne parle pas de la chûte presque subite de nos manufactures : il y a un an que nous avions environ cent métiers de tisserands occupés, cela entretenoit environ 500 personnes, sçavoir 100 tisserands, 200 fileuses de laine, 100 fileuses de chanvre ou de lin, et 100 enfants, à compter un par trois personnes, ce qui n'est pas exagéré ; non compris les teinturiers, voituriers, revendeurs que ce commerce emploioit et faisait vivre avec beau-

(1) Jugement fort exact en ce qui concerne de Saint-Ferjeux. Il pourrait, d'ailleurs, s'appliquer à la plupart des subdélégués de l'époque, qui veulent être, comme leurs chefs, les Intendants, des « amis de l'humanité » et des « amis du peuple ». Suivant M. Ardascheff (op. cit. p. 278), « c'est un titre pour être subdélégué que de montrer en même temps que du *zèle pour le service du Roi* de l'*attention pour le soulagement des peuples de la campagne* » (voir les exemples cités par cet auteur, ibidem, p. 279-280). C'est que l'influence des *physiocrates* s'exerce à tous les degrés de l'échelle administrative ; tous les agents de l'administration témoignent l'intérêt le plus vif aux choses agricoles (voir, pour les subdélégués, Ardascheff, op. cit, p. 335-340 et 364-365), et beaucoup d'entre eux sont partisans de la suppression totale ou partielle des corvées, qui pèsent si lourdement sur le paysan (ibidem, p. 296-297).

Nombreuses sont, dans la correspondance reçue par les subdélégués de Vesoul, les lettres émanées de « pasteurs » en exercice dans les paroisses de la subdélégation. Ce sont tantôt des demandes et tantôt des réponses. Les demandes ont le plus souvent trait soit à la construction ou à la réparation des églises, chapelles et presbytères, soit aux maladies contagieuses qui sévissent sur les gens ou les bêtes, soit aux incendies ou autres calamités, soit à l'attribution des secours ou à la répartition des « aumônes ». En ce qui concerne ces « aumônes », nous voyons, dans une lettre du 20 novembre 1748, le curé de Montot, Boussard, demander « un réglement touchant l'aumône de Monsieur le Comte de Rosen » pour les pauvres de sa paroisse; il voudrait que le subdélégué de Vesoul décidât « pour toujours ce qui doit être distribué chaque année soit en bled, soit en argent, — qui distribuera, — à quel usage doit être emploïé (*sic*) cette charité, ou à l'église, ou au clocher, ou à acquitter des dettes, des paiements de médecine, pansement de plaies, car arrive-t-il le moindre accident dans la paroisse on se rejette sur l'aumône, ce qui nous inquiette, ou aux véritables pauvres »; et le brave curé ajoute: « Faites en sorte, je vous en supplie, monsieur, que je puisse déclarer vostre volonté pour toujours, afin que chaque année on entende (*sic*) plus former bien des systèmes sur l'employ de cette aumône; quoyque vous décidiés, quant à moy j'y acquiesce de tout mon cœur. Joignés y encore ce que vous destinés d'argent pour les mois de l'école des pauvres enfants » (1). — Dans

---

coup d'autre ouvriers. Notre situation a donc été bien pénible cet hyver, et c'est avec raison que nous avons imploré les bontées (sic) de l'administration : nous avons besoin de secours et de secours prompts. Employez donc, je vous en prie, Monsieur, tout votre crédit auprès de Mgr de Saint-Ange pour ma pauvre paroisse. Si quelquefois elle a paru récalcitrante, c'est que les Ctés sont toujours aveugles et ne connaissent pas leurs véritables intérêts. Au moins que l'on nous accorde l'atelier de charité que nous indiquons puisque nous faisons la soumission proposée, quand même mes paroissiens seroient tous coupables d'opiniâtreté, ce qui ne peut regarder qu'un petit nombre ; après tout, ce sont des sujets du roy ; je ne demande que leur conservation, m'offrant de travailler à les rendre plus à leur devoir. Mettez, s'il vous plait, à cette affaire, Monsieur, la célérité que demande notre pressante misère qu'un pasteur connoit mieux que personne ; j'ose espérer cette nouvelle marque de bonté de votre cœur aussi généreux que compatissant » (a).

[a] Ibidem, c. 229.

(1) Autre lettre, le 24 du même mois, de Lapostolet, curé de Bétoncourt, dont nous respetons l'orthographe ; il s'agit encore des « aumônes » de M. et Mme de Rosen : « Mon devoir m'oblige de vous escrire au sujet des pauvres de Betoncourt qui sont déjà estés (sic) plusieurs fois trouver ces Messieurs Garnier pour recevoir les aumones que M. le Marquis de Rosen et Madame la Marquise ont coutume de donner à pauvres de leurs terres ; leurs misères est si grandes que l'aumone qui leur serat donné dans ces malheureux temps serat des plus méritoires devant dieux. Les pauvres ont resolut si ces Messieurs Garnier refusent de leurs donner les charités accoutumés d'aller trouver Monsieur le Marquis de Rosen pour soulager leur pauvreté... » (b).

[b] Ibidem, c. 205.

d'autres lettres, tantôt les curés recommandent des candidats à un emploi, à une charge ou à une « grâce » quelconque; tantôt ils interviennent en faveur d'individus de leur paroisse qui sont accusés d'un délit ou d'un crime ou qui ont déjà été condamnés pour un fait de cette nature. — Mais, beaucoup plus souvent, leurs lettres sont des réponses aux demandes de renseignements qui leur ont été adressées par le subdélégué: ces demandes peuvent concerner les candidats dont il vient d'être parlé, les accusés ou condamnés qui sollicitent des lettres de rémission ou de grâce; elles peuvent aussi se rapporter aux objets les plus divers. Il y est question notamment de statistique: les curés sont appelés, par exemple, à donner des renseignements sur l'état de la population ou, ce qui revient au même, sur les baptêmes, mariages et morts. Mais ils n'y mettent pas toujours beaucoup de bonne volonté ni de bonne grâce; ce qui se passa en 1763 en est la preuve. Mousset avait réclamé aux subdélégués, pour un travail dont l'Intendant l'avait chargé, les états de baptêmes, mariages, etc., de chaque « département ». Le 24 avril 1763, il insiste auprès de Miroudot pour que celui-ci lui fasse parvenir sans retard les états qu'il lui reste à envoyer; et il ajoute: « Je sçais bien que les curés par esprit d'intérêt ne se prêtent qu'avec peine à ce qu'on leur demande à ce sujet; leur réponse malhonnête est blâmable, mais ce sont des sots et on ne doit pas s'offenser des injures des sots. Cependant comme il seroit désagréable que l'opiniâtreté de quelques-uns de ces curés retardât une opération qui est sur le point d'être finie, il est nécessaire de faire de nouvelles tentatives auprès des refusans, en leur témoignant qu'ils feront plaisir à M. le Cardinal de Choiseul qui a recommandé aux Doyens d'en écrire aux curés chacun dans leur district; ce n'est pas le cas d'employer l'autorité, et d'ailleurs il faut se servir le moins que l'on peut de la verge de fer; avec de la douceur on vient à bout de tout. On peut représenter aux curés refusans que leurs confrères se sont exécutés sur cet objet et qu'on se souviendra de leur attention et de leur déférence, leur faire des promesses agréables, et on en viendra à bout... ». Le 6 juin suivant, rappel un peu vif: « Il y a un siècle, Monsieur, que vous m'avés promis de m'envoyer les états de baptèmes, mariages et morts de votre département qui me manquent, et je suis on ne peut plus faché de ce retard qui me met dans l'impossibilité de finir mon travail; pour vous remettre les choses devant les yeux, vous trouverés ici la liste des communautés dont je vous prie de me faire passer incessamment les états : Béton-court-St-Pancras, Esguilley, Mailleroncourt-St-Pancras et

Nans. Ces 4 états ne m'ont pas été envoyés, et j'en ay absolument besoin très promptement; j'espère, Monsieur, que vous voudrés bien me les adresser sans perte de tems sous le couvert de M. l'Intendant... ». Et Mirondot répond : « Vous avés raison, Monsieur, d'être faché, mais avec votre permission vostre courroux ne doit pas se tourner contre moy. J'ay eu l'honneur de vous dire que le curé de Mailleroncourt-Saint-Pancras étoit le seul en retard de donner les éclaircissemens que j'ay demandé à ses paroissiens par quatre différents ordres que je leurs ay envoyé; c'est un docteur qui soub prétexte que partie de ses ouvrages est passé soub la presse prétend qu'il n'est pas obligé de confier ses registres à personne; il n'a en conséquence jamais voulu communiquer les siens à ses paroissiens, disant qu'ils les trouveront au greffe du bailliage. Ce n'est point à moy à décider le cas, ny à le punir s'il le mérite à cause de ce refus... » (a).

(a) Ibidem, c. 216.

Vingt ans plus tard, les curés n'apportent guère plus d'empressement à satisfaire aux demandes qui leur sont adressées par l'Intendant et les Subdélégués. Le 31 mai 1785, M. Caumartin de Saint-Ange écrivait, de Paris, à de Ferjeux: « Je vous ai fait passer plusieurs exemplaires de l'arrêt du Conseil du 17 de ce mois concernant la rareté des fourrages et les moyens de pourvoir à la conservation des bestiaux... Vous trouverés cy joint la lettre circulaire que je crois devoir écrire à MM. les Curés pour avoir les éclaircissemens convenables sur un objet qui intéresse essentiellement le bien public et le soulagement des peuples, et les prier de concourir à l'exécution des vues du Gouvernement. Vous voudrés bien leur faire passer cette lettre, ainsi qu'un exemplaire de l'instruction cy jointe, et réunir par leur médiation et par toute autre voye qu'il vous sera possible d'employer les instructions nécessaires pour que je sois à portée de pourvoir, autant que les circonstances le permettront, à la conservation des bestiaux... » De Saint-Ferjeux se conforma strictement aux instructions de l'Intendant; mais il ne put envoyer à celui-ci ses premiers rapports qu'en juillet suivant, et, au commencement de septembre, il n'avait encore reçu des curés que 182 réponses, bien qu'il y eût dans sa subdélégation 218 paroisses [b] (1).

(b) Ibidem, c. 227.

(1) Cette question des approvisonnements en grains constitue l'une des plus graves préoccupations de l'Administration centrale dans les dernières années de l'Ancien Régime. Au début de 1789, elle revêt un caractère particulièrement aigu (voir Ardascheff, op. cit., p. 249 sqq. ; on y trouvera notamment les réponses des subdélégués à une circulaire de l'Intendant d'Amiens concernant le commerce des grains, ainsi que des observations adressées à des curés de la généralité par l'Intendant d'Alençon).

Il est une autre question qui paraît avoir intéressé davantage les curés: c'est celle du recrutement des « bonnes femmes » (sages-femmes) et de leur instruction professionnelle. Il avait été créé à Besançon un cours d'accouchement, dirigé par le « professeur en chirurgie » Nédey. C'est pour suivre ce cours que les curés étaient chargés de trouver des élèves. Quelles élèves? « Ces femmes, dit M. Caumartin de Saint-Ange dans une lettre du 5 mars 1788, doivent savoir lire, et ont besoin d'adressè, de sagesse et de prudence, en observant qu'elles ne soient ni trop jeunes ni trop âgées: celles de 25 à 30 ans doivent être préférées..; on n'admettra ni femmes enceintes ni nourrices, parce qu'il ne seroit possible ni aux unes ni aux autres d'être aussi assidues ou aussi attentives aux leçons que leur instruction l'exigeroit... » (a). Les curés ont parfois bien du mal à décider femmes ou filles à aller à Besançon suivre le cours du professeur Nédey: dans une lettre du 9 octobre 1782, le curé de Montjustin réclame une ordonnance qui mettra en demeure les habitants d' « élire » une sage-femme ; et, si, le 19 mai 1784, le curé de Calmoutier annonce le départ de sa paroissienne, Claude-Françoise Maire, femme de François Prévot, celui d'Arpenans fait, au contraire, savoir qu'Anne Bouton, femme de Charles Lamielle, qui se serait trouvée libre si le cours eût commencé « au mois de février ou de mars », s'est, « dès le mois de septembre » précédent, « mise dans le cas de ne pouvoir profiter des bontés » du subdélégué (lettre du 21 mai 1784) [b]. La lettre du premier débutait ainsi : « Je suis très sensible à vos bontés et aux attentions que vous avés pour notre paroisse, en luy procurant l'occasion et le moyen de faire instruire une femme dans l'art d'accouchement; le service que vous luy rendés est d'autant plus grand qu'elle est privée d'une *bonne femme* depuis longtems »; le second terminait la sienne en ces termes: « Si une autre année les circonstances sont plus favorables, j'ose vous prier, pour le bien commun, de vouloir bien vous en souvenir. » A la même époque, le curé de Varogne demandait une sage-femme pour sa paroisse. En 1788, celui de Prugney écrivait: « Ensuite de votre lettre daptée du 1er mars, j'ay assemblée (*sic*) ma communauté; l'on a jetté les yeux sur différens sujets pour envoyer en qualité d'élèves à Besançon, mais elles ont été dégoutées par les parens d'une vieille personne jalouse d'accoucher sans le connoitre. J'ay crû en conséquence devoir avertir M. de Saint-Ferjeux comme je vous prie de le faire de l'entêtement de la plupart de mes paroissiens et que l'on feroit bien de leur en envoyer une ou de les forcer à envoyer une élève à Besançon; cette D... seroit fort bien ici, elle y

(a) Ibidem, c. 229.

(b) Ibidem, c. 227.

pourroit gagner sa vie et son mary pourroit y trafiquer. Voyés ce qu'il sera plus à propos de faire, il est dure (*sic*) pour un honnête homme de se trouver dans une paroisse où les gens ne prévoyent pas leur bien. Je laisse le tout à la disposition de M. le Subdélégué à qui je vous prie de présenter mon respect... » (a); cette lettre, du 25 mars 1788, fut adressée à Dresse. D'autres eurent pour destinataires Morlot ou Chognard: car c'est presque aussi souvent avec ses secrétaires qu'avec le subdélégué que les curés *correspondaient*. Ce mot, que nous soulignons avec intention, peut, d'ailleurs, être pris, à la fois, dans un sens général et dans le sens particulier que nous avons donné plus haut au terme de « correspondant ».

(a) Ibidem, c. 229.

Les curés ont donc été souvent les « correspondants » du subdélégué, c'est-à-dire les personnes de confiance auxquelles il pouvait s'adresser pour avoir des renseignements ou même pour l'aider dans l'accomplissement de sa tâche. Mais, en ce qui concerne spécialement son rôle d'agent d'information, le subdélégué avait recours aussi à des laïcs, « officiers », fonctionnaires ou notables, qui le renseignaient soit sur sa demande, soit de leur propre mouvement. Le 7 mars 1749, un nommé Billerez, de Chargey, écrit, de lui-même, à Miroudot: « Comme je scay que nostre mêtre d'escolle doit paroitre demain pardevant vous, je profite de cette occasion pour vous dire que pendant que l'on a travaillé aux recognoissances il n'a rien oublié pour contrarier et engendrer des difficultés et pendant les procès que M. le comte de Rosen a eu contre monsieur de Chargey et contre la comauté il estoit l'espion de madame de Chargey pour luy reporter tout ce qu'il pourroit scavoir et descouvrir. La haine estoit si grande contre madame la comtesse de Rosen qu'il refusoit les clefs de l'église lorsqu'on luy demandoit pour soner l'audience, et pendant le procez contre messieurs de Chalons c'est luy qui questoit les thémoins et qui les embauchoit pour ces messieurs. J'eus l'honeur de vous en avertir dans ce tems là. Je vous prie de luy faire sentir son tort et le regret qu'il doit à monsieur le marquis de Rosen pour qu'à l'avenir il se renge au devoir d'un sujet envers son seigneur » (b). A 40 ans de là, le maire de Jussey, Légier, adresse à de Saint-Ferjeux les deux lettres suivantes : « J'ai reçu la lettre que vous m'avés fait l'honneur de m'écrire par l'exprès que vous m'avés adressé et la copie de celle du roi au prévot qui va bien se targuer de sa commission. Je prévois qu'il y aura bien du tapage dans l'assemblée pour l'élection du député [aux Etats de Franche-Comté]. Le docteur Fournier brigue déjà

(b) Ibidem, c. 204.

des suffrages et je serois d'avis que le choix tomba sur le plus grand propriétaire, et dans ce cas M. Perrignon pourroit avoir droit aux suffrages. L'homme fait quelque chose, mais avec de bonnes instructions tout député peut être propre à la chose »; et, le même jour, quelques heures plus tard: « Le prévot vient de me voir pour me consulter sur la lettre du roi. Elle le jette dans le plus grand embarras. Il vous l'explique à sa manière, quoique j'aie cherché à le rendre un peu plus précis dans la lettre qu'il vient de vous écrire sous ma cheminée et dont les détails vous paroittront un peu fastidieux. Pour moi, je pense qu'il ne s'agit que d'assembler les habitants de Jussey qui a eu de tout tems droit d'envoyer un député aux Etats; Dunod dit que c'étoit son prévot, le mémoire de la noblesse prétend que ce n'étoit qu'un homme élu dans la communauté, et je le crois »; suit une demande de conseil pour le cas où le choix des habitants tomberait sur lui: il ne voudrait pas courir le « risque d'aller s'asseoir sur des bancs derrière les maires qui auroient des sièges, comme Dunod raporte que cela se pratiquoit autrefois »; et il termine en disant: « Ma confiance appelle la votre » (lettres du 11 novembre 1788) [a]. C'est presque le ton qui s'emploie entre égaux. Voici une autre lettre — la dernière que nous citerons — où le ton est plus humble; elle fut écrite le 18 juin 1790 par Claude-François Dumagny, procureur spécial à Plancher-Bas : « La misère est si grande dans notre Cté que je ne puis vous l'exprimer, surtout si l'on considère le fléau de la grêle de l'an passé, avec la perte presque totale de nos grains occasionée par les neiges de l'hyver. Ainsy, Monsieur, si l'exportation n'est pas permise, hélas, que va devenir le pauvre peuple dans un tems aussy critique que celuy où nous sommes, où la pluspart sans argent, sans crédit, manquant de tout, n'ayant presque absolument d'autres moyens pour subsister, nous attendons pour ainsi dire tout de vous, comme dans toutes les occasions vous nous le démontrés, et soyez persuadé de l'attachement et de la reconnaissance de la part de notre Cté, de moy en particulier, Monsieur, le plus dévoué et le plus soumis de vos serviteurs » (b).

(a) Ibidem, c. 229.

(b) Ibidem, c. 229.

Peut-être trouvera-t-on un peu nombreuses et un peu longues les citations qui précèdent. Mais il nous a semblé que rien ne pouvait mieux que de larges emprunts à la correspondance envoyée ou reçue par les subdélégués de Vesoul, montrer comment fonctionnait, au XVIIIe siècle, une subdélégation de Franche-Comté et quelles étaient les relations des titulaires de cette subdélégation avec leurs administrés. Ces extraits de lettres adressées aux deux Miroudot ou écrites par eux nous ont, en même temps, paru de nature à mettre plus complètement en lumière la façon dont était organisée, dans la province et à l'époque considérées, une institution qui, dans l'administration de l'Ancien Régime, constituait un rouage non seulement nécessaire, mais particulièrement important. Si nous ajoutons qu'ils sont à peu près tous inédits, on voudra bien, sans doute, nous excuser de l'usage que nous en avons fait.

CONCLUSION

Au travail qui se termine ici, quelle conclusion donnerons-nous ?

A la fin de ce qui en a constitué la première partie, nous avons dit ce qu'à notre avis il fallait penser en général des subdélégués. Cette appréciation s'applique, dans son ensemble, sinon dans tous ses détails, aux subdélégués de Franche-Comté comme à ceux du reste de l'ancienne France.

*En ce qui concerne l'*organisation, *il n'existe pas de différences notables entre les uns et les autres : l'étude particulière que nous avons consacrée à l'Intendance de Besançon, n'a fait que confirmer les « généralités » qui l'avaient précédée.*

Il n'en est pas absolument de même pour le fonctionnement, *qui présente, d'une province ou d'une époque à l'autre, des variations analogues à celles que l'on remarque dans les attributions et les pouvoirs des subdélégués. M. de Boyer de Sainte-Suzanne en donne la raison dans les lignes qui suivent : « Les intérêts matériels étaient loin d'avoir alors l'importance qu'on leur attribue au XIXe siècle (l'auteur écrivait ces lignes en 1865 ; l'observation serait encore plus juste en 1928).... L'administration avait des allures plus dégagées et suivait une marche plus rapide .... L'administration supérieure posait le principe, enjoignait aux administrations locales de s'y conformer, puis laissait à ces dernières le soin de l'application, n'intervenant que lorsque l'on s'écartait de la ligne qu'elle avait tracée... » (a).*

(a) De Boyer de Sainte-Suzanne, *op. cit.*, p. 39 et 40.

Cette « application » ne pouvait être exactement la même sur tous les points du territoire. Elle devait s'adapter *à la diversité des milieux et des circonstances. Ministres et Commissaires départis l'ont parfaitement compris ; et c'est ce qui explique les différences que l'on constate dans le fonctionnement des Intendances et des Subdélégations.*

Ces différences étaient nécessaires, puisqu'elles répondaient aux exigences des temps et des lieux. Elles ont, d'autre part, été rendues possibles par un système de large « déconcentration », qui, sous la Monarchie absolue, complétait heureusement, en le corrigeant, celui d'une « centralisation » à outrance.

Le Régime démocratique sous lequel nous vivons, s'inspire d'autres principes et pratique d'autres méthodes : il accorde plus de liberté aux assemblées locales et moins d'autorité aux agents qui représentent le Gouvernement auprès de ces assemblées. Les préfets et les sous-préfets de nos jours ont des pouvoirs moins étendus que les intendants et les subdélégués ; par contre, le fonctionnement des services administratifs est beaucoup plus uniforme aujourd'hui qu'autrefois.

*On pent, là encore, voir un exemple de cette grande loi de l'*adaptation *qui est pour la conservation des êtres et des choses ce qu'est pour leur développement et leur progrès la loi non moins importante de l'*évolution. *Ces deux lois exercent leur empire sur les peuples et leurs institutions, comme sur les sociétés et leurs organismes, comme sur les espèces et les individus. Elles régissent également, dans la sphère de leur activité, le monde de la nature et celui de l'esprit, tout ce qui vit et tout ce qui pense.*

Vu : LE DOYEN,
Nancy, le 22 Novembre 1928,
J. LAURENT.

Vu et permis d'imprimer :
Nancy, le 22 Novembre 1928,
Le Recteur de l'Académie,
Président du Conseil de l'Université,
Ch. ADAM,
Membre de l'Institut.

R.F. IMPRIMÉS

TABLE DES MATIÈRES

INTRODUCTION. — Des subdélégués en général. Origine, nature et évolution de l'institution 1

Les Subdélégués de l'Intendance en Franche-Comté et au XVIIIe siècle.

A. Les Intendants de Franche-Comté et le personnel de l'Intendance. 29
B. Les Subdélégués généraux 39
C. Les Subdélégués spéciaux 45
D. Les Subdélégués locaux 50
1. Les Subdélégations de *Franche-Comté* 50
2. Leurs titulaires 52
3. Les Subdélégués de Vesoul : Salivet et les deux Miroudot. 56
4. Situation administrative des Subdélégués. 71
5. Charges et avantages 77
6. Le Personnel des Subdélégations 100
7. Les autres Collaborateurs des Subdélégués 114
CONCLUSION. 123

Impr. Ch. Galland
Verdun

CORRECTA & ADDITA

Page I, ligne 16	Lire : le 16 avril 1929
— 18	Compléter : MM. Parisot et Capot-Rey.
— V, — 11	Lire : Jousserandot
— 39	— : L. Milhac
— 1, — 12	— : capitulations
— 3, note	Ajouter : (v. infrà, p. 50)
— 6, ligne 21	Lire : s'était
— 8, note	Ajouter : p. 39 sqq.
— 10, ligne 23	Lire : seize ans
lignes 25 et 28	— : Brémont
— 11, (a)	— : c. 1 et c. 86
— 13, (a)	Ajouter : cf. c. 323
— 14, ligne 25	Lire : franchise
(a)	— : c. 811, 1050 et 1051
note 1	Ajouter : p. 92 sqq.
— 15, (a)	Lire : p. 31, 441, 443
note 1	— : p. 52, 53 et 63
— 16, ligne 12 et note 1	— M. de Suduisant
— 18, (b)	Ajouter : et c. 2055
(c)	Lire : c. 811 et 2055
note	— : Petitot-Bellavène
— 20, (a)	— : 1683
— 23, note	Ajouter : p. 78 sqq.
— 25, note 2	— p. 101 sqq.
— 31, (a)	Lire : passim
— 33, (b)	— : 212-215
— 36, ligne 7	— : M. de Lacoré
note 1	— : franchise
(e)	— : ibidem
— 37, note 1	— : dressés
— 39, ligne 29	— : Intendant
— 41, — 18	— : séjournerai
— 42, (a)	— : 368
note	— : p. 9
Page 43, ligne 23	— : institution
— 44, — 28	— : avoir
— 48, note	— : 15 déc. 1692
— 50, ligne 26	— : 16
note	Ajouter : p. 71, 101 et note
— 51, ligne 13	Lire : Baume, Pontarlier, Ornans et peut-être St-Claude
(a)	Ajouter : cf. Marne, c. 2055
— 58, (a)	Lire : lettre
— 60, (a)	— : lettre
(b) —	— : Ibidem *et* lettre du 21 mai 1751
note 1	Supprimer : Voir aussi Arch. Hte-Saône, c. 217 et 227
Page 63, note 1	Lire : exerçoit
— 64, note	— : conséquence
— 69, ligne 29	— : auprès
— 70, — 34	— : parle
— 72, — 40	— : remplissaient
notes	— : p. 53-56
Page 77, note	— : prendre
— 81, (a)	— : 223-225
— 85, (a)	— : c. 218 et 224
— 87, ligne 12	— : l'une
— 96, — 20	— : de celles
(a)	— : 14 mai 1783
note	— : contresignées (2 fois) *et* franchise
Page 99, ligne 41	— : susceptible
— 104, (a)	— : not.
— 116, ligne 20	— : on
— 118, — 4	— : Miroudot
— 120, — 29	— : com̃auté

NOTE. — 1° Lire partout L. Milhac, au lieu de L. Meilhac. — 2° Se référer, le cas échéant, à l'exemplaire déposé à la Bibliothèque de l'Université de Nancy.

DEUXIÈME THÈSE

PROPOSITIONS DE LA FACULTÉ

I. Dans quel sens et dans quelle mesure les fonctions des Subdélégués ont-elles évolué au cours des XVIIe et XVIIIe siècles ? Comparer leurs attributions vers la fin de l'Ancien Régime à celles de nos Sous-Préfets actuels.

II. Des rapports des Subdélégués avec les représentants élus de la population.

III. Du rôle des Subdélégués dans les élections aux Etats Généraux de 1789.

www.ingramcontent.com/pod-product-compliance
Ingram Content Group UK Ltd.
Pitfield, Milton Keynes, MK11 3LW, UK
UKHW021536260726
13993UKWH00002B/532